INSTRUCTION PRIMAIRE

RAPPORT

FAIT A LA SUITE DES

VISITES A L'EXPOSITION UNIVERSELLE DE 1878

PAR M. L. MORDACQ

Inspecteur primaire, Officier de l'Instruction publique,
Délégué pour le voyage d'études aux frais de l'État

LILLE
IMPRIMERIE ET LIBRAIRIE CAMILLE ROBBE
209, rue Notre-Dame, 209.
1878

RAPPORT

FAIT A LA SUITE DES

VISITES A L'EXPOSITION UNIVERSELLE DE 1878

RAPPORT

FAIT A LA SUITE DES

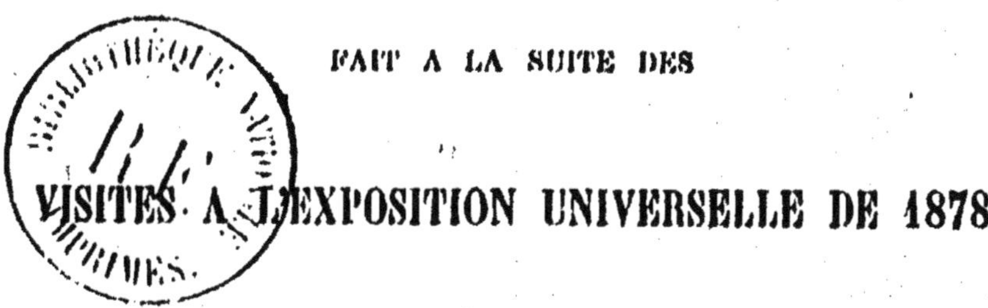

VISITES A L'EXPOSITION UNIVERSELLE DE 1878

PAR M. L. MORDACQ

Inspecteur primaire, Officier de l'Instruction publique,
Délégué pour le voyage d'études aux frais de l'État

LILLE

IMPRIMERIE ET LIBRAIRIE CAMILLE ROBBE

209, rue Notre-Dame, 209.

1878

A M. ANTHOINE

Inspecteur d'Académie, à Lille.

Dunkerque, Septembre 1878.

MONSIEUR L'INSPECTEUR D'ACADÉMIE,

En acceptant la mission que vous avez bien voulu me confier, j'ai été surtout poussé par le désir de faire profiter les Instituteurs et les écoles placés sous ma surveillance de mes visites à l'Exposition universelle. Aussi dans le travail que j'ai l'honneur de vous adresser vous verrez principalement percer cette préoccupation : Quelles améliorations, quels progrès possibles ?

Je ne me suis pas contenté des notes prises en parcourant la galerie, j'ai tenu à lire les appréciations des différentes publications pédagogiques ; les traces de ces lectures sont du reste assez visibles pour qu'on ne m'accuse pas de chercher à m'approprier le bien d'autrui. Quant aux conférences de la Sorbonne, j'ai cru bon d'en extraire ce qui m'a paru neuf, immédiatement applicable, et ce n'est pas la moindre partie de mon rapport. Du reste, bien des idées émises ne sont que la reproduction de celles des conférences de 1867, idées justes, mais qui ont peine à vaincre l'apathie, la routine et peut-être aussi notre amour-propre.

Et pourtant, s'il est quelque chose qui doive nous faire rentrer en nous-mêmes, ce sont les progrès scolaires réalisés par des peuples que nous regardions comme bien au-dessous de nous par l'intelligence ; mais, profitant des leçons dont nous semblons peu nous soucier, ils ont marché si vite que nous qui les placions dans un lointain à peine perceptible, nous sommes tout surpris de les voir nous talonnant, que dis-je ? soyons justes, essayant de nous devancer et parfois y réussissant. Nous devrions, ne serait-ce que par orgueil national, faire de sérieux efforts pour nous maintenir au rang que nous assignent nos pédagogues éminents, nos écrivains spéciaux, nos instituteurs d'élite, et, par dessus tout, notre intelligence ouverte et notre aptitude à nous assimiler les conceptions étrangères. Nous à qui l'on a tant emprunté, nous pouvons bien, sans rougir, emprunter aux autres, convaincus d'ailleurs qu'on ne nous accuserait pas de plagiat ou de servile imitation, tant nous savons vite donner à nos emprunts une forme essentiellement française qui nous permet de dire aussi que nous prenons notre bien où nous le trouvons.

Ce qui m'embarrasse le plus, c'est le classement des différentes parties de ce mémoire. J'aurais voulu d'abord séparer le côté purement éducatif de ce qui est absolument moyens d'instruction. mais, — et je dis heureusement, — ces deux choses se mêlent si bien, elles sont si difficilement séparables que j'ai renoncé à cette division.

Il a été plus facile et plus rationnel de distinguer la partie du matériel, — la moins importante, — de la partie éducative et intellectuelle.

Pour ce qui est des matières d'enseignement, je m'étais presque décidé à me renfermer dans le programme obligatoire, mais j'ai vite renoncé à cette idée, persuadé que plusieurs des branches dites facultatives devront, à l'exemple de ce qui est déjà fait pour l'histoire et la géographie, être rattachées au tronc principal : dessin, chant, agriculture, notions des sciences physiques et d'histoire naturelle. Si nous voulons que nos écoles rivalisent facilement avec les bonnes écoles de la Belgique, de la Suisse, des États-Unis, etc., il faudra, le plus tôt possible, que nos maîtres possèdent autre chose que ce que comprend actuellement le brevet élémentaire.

J'ai cru bon de faire une assez large place aux SALLES D'ASILE ; l'importance que leur accordent, — quel que soit le nom qu'ils leur donnent, — des peuples qui les avaient négligées jusque dans ces dernières années, semble m'autoriser à leur prêter toute mon attention, d'autant plus qu'elles sont le portique de l'école : c'est par ces établissements du premier âge que j'entrerai en matière.

Le petit tableau suivant indique l'ordre que je vais suivre :

I. SALLES D'ASILE	1. Locaux. — Mobilier. 2. Programmes. — Travaux des enfants. — Méthode Frœbel. — Méthode française. 3. Modifications à apporter.
II. LES ÉCOLES	1. Locaux. Mobilier. — Livres. Prix. — Musées scolaires. Bibliothèques. 2. Programmes. Matières de l'enseignement. — Éducation. — Caisses d'épargne scolaires. 3. Méthodes.
III. LES MAITRES	1. Conférences des titulaires avec les adjoints. — Conférences des instituteurs. Travaux à leur demander. 2. Bibliothèque pédagogique. — Musée cantonal. 3. Résumé des Conférences de la Sorbonne.
IV. VŒUX.	*Résumé des améliorations désirables.*

I. — SALLES D'ASILE.

1. Locaux. — Mobiliers.

Commençons par le modèle d'une des salles d'asile de Paris.

Le grand préau couvert, au milieu duquel se trouve le lavabo, a de petites tables *quadrillées*, avec sièges à dossier; ces tables, on s'en doute bien, ne sont pas exclusivement réservées aux repas, elles servent aussi aux exercices de dessin. — Dans la salle d'exercices nous voyons les *gradins* améliorés, car chaque enfant a son siège distinct, avec bras et dossier. Le matériel prouve qu'il y a, comme enseignement, les premières notions de lecture, d'écriture et de calcul. Remarquons qu'au lieu de nos vastes salles où s'entassent, parfois, trois à quatre cents enfants de deux à sept ans, cette salle n'en suppose au plus que cent vingt-cinq. — Nous verrons tout à l'heure qu'en Autriche on ne veut dans les JARDINS D'ENFANTS qu'un maximum de quarante élèves par maîtresse; et des élèves, de quatre à six ans. — Dans ce modèle de Paris on trouve, à droite du vestibule d'entrée, une petite classe, avec tables à deux élèves chacune, ce qui annonce, semble-t-il, une répartition des enfants en deux grandes catégories : les plus jeunes recevant les leçons aux gradins; les plus âgés, pour qui commence un enseignement un peu plus sérieux : ne serait-ce pas là cette classe transitoire, trait d'union entre la salle d'asile et l'école, gardant des exercices de l'une et préparant aux travaux de l'autre? Nos bonnes salles d'asile ont d'ailleurs compris le besoin d'ouvrir pour les plus âgés une classe dite des *moniteurs* qui, ne s'adressant qu'aux plus intelligents, les met sur la voie du programme des écoles.

D'autres améliorations de détails sont à signaler : les planches qui recevaient les paniers d'enfants sont remplacées par des tringles avec crochets mobiles; des porte-manteaux reçoivent les coiffures, etc.; l'annexe Ferrand montre encore de petits bancs avec sièges continus, mais avec *stalles* distinctes pour chaque élève, ce ne sont plus ces bancs où l'on serre, faute de place, les enfants les uns contre les autres. — On voit encore deux types de bancs et de tables quadrillées pour asile, suivant le système Frœbel, les unes pour enfants de trois à quatre ans avec plateau mobile, afin de faciliter l'entrée et de permettre de se tenir debout ou assis; les autres, pour les enfants de cinq à six ans : le plateau, mobile aussi, peut de plus s'incliner et former pupitre pour les exercices d'écriture.

Il n'est pas jusqu'au Japon qui n'offre un modèle de table avec dessus quadrillé : les carrés ont environ 0m 03 de côté; ils se prêtent facilement à la reproduction de dessins exécutés au tableau noir sur carrés plus grands, ou à l'invention de petits dessins dont tout le mérite d'exécution est laissé aux enfants. Nous sommes déjà entrés dans cette voie avec des ardoises quadrillées, des transparents, etc.: mais il y a plus et mieux à faire, et les résultats obtenus ailleurs, devant lesquels s'émerveillent des hommes du métier, doivent nous exciter à les obtenir chez nous.

2. *Programmes. — Travaux des enfants. — Méthode Frœbel, méthode française.*

PROGRAMMES. — Le programme français donné par le décret du 21 mars 1855, porte : Principes d'instruction religieuse, de lecture, d'écriture, de calcul verbal et de dessin linéaire ; — connaissances usuelles à la portée des enfants ; — ouvrages manuels appropriés à leur âge ; chants religieux, exercices moraux et exercices corporels. L'esprit de ce programme se résume ainsi : « On s'appliquera *moins à instruire* les enfants *qu'à former leur cœur*, à leur inspirer de bons principes; de bonnes habitudes, à leur faire contracter le goût du travail, à développer sans la fatiguer leur jeune intelligence, tout en leur donnant les soins physiques que réclame leur faible constitution. »

Ce qui me paraît surtout établir la ligne de démarcation entre nos salles d'asile et les « écoles gardiennes », les « écoles enfantines », les « jardins d'enfants », etc., c'est que nous, nous envisageons principalement le côté moral, — les autres, le côté pratique, utilitaire; — nous voulons « former les cœurs », les autres développer l'intelligence et faire l'éducation des sens, afin de préparer des ouvriers habiles.

TRAVAUX D'ENFANTS. — Cette distinction est surtout marquée par les travaux d'enfants : ainsi l'exposition suisse nous montre une foule de dessins en papier, des découpages, des broderies, de petites pièces de bois triangulaires, de différentes tailles servant à la construction de parquets, de dessins variés, des travaux en papier; — l'exposition américaine nous donne, « à côté des pliages, tissages, découpages, etc.; en usage dans la méthode Frœbel, des modelages en cire représentant des ustensiles, pots, corbeilles, paniers, barattes, des fruits, des animaux, chien, cheval, porc, vache, voire même des portraits de grands hommes. » Qui n'a souri en voyant ces chaises, ces fauteuils en papier, ces voitures en carton, ouvrages où évidemment une main plus experte que celle des enfants essaie vainement de se dissimuler sous la naïveté de l'exécution?

Ce n'est guère que depuis sept à huit ans qu'aux Etats-Unis, les « jardins d'enfants » ont pris cette marche, cette extension rapide que signalait déjà l'exposition de Philadelphie et que prouve celle de 1878. On y a constaté que l'enfant, même à un âge tendre, peut « commencer une éducation propre à lui donner *l'habileté de la main* et *la sûreté du coup d'œil* » on l'y prépare par des ouvrages manuels qui « développent le goût et exercent le savoir-faire. »

On le voit, c'est surtout le côté industriel qu'on semble avoir en vue. D'autres résultats sont obtenus : « développement physique, rapidité et fertilité d'invention, vif sentiment de la symétrie et de l'harmonie, grande habileté pour les travaux manuels, remarquable aptitude à saisir les rapports entre les nombres et les dimensions. »

Du développement moral, rien.

Méthode Frœbel. — N'est-ce pas là, en effet, le côté défectueux de la méthode Frœbel? ses jeux, ses dons, je le veux bien, fixent l'attention, exercent les sens, les facultés de l'esprit, il a très-bien compris le besoin d'*activité* de l'enfant ; il la fait servir, cette activité, à son développement intellectuel et physique, et, comme on l'a dit, à l'*intuition* il ajoute l'*invention*. Mais le cœur, que fait-il pour lui? Je ne vois rien ; aussi serait-ce avec des restrictions que j'accepterais, l'opinion de M. Buisson, dans son beau Rapport sur l'Exposition de Vienne : « Dans le jardin Frœbel, dit-il, tout est instructif et tout est actif, tout aide l'enfant à créer. Les deux grands ressorts de l'instruction ordinaire, écouter passivement et répéter machinalement, n'y entrent jamais qu'à titre exceptionnel. En revanche, rien n'a été négligé pour que chaque faculté soit stimulée par son propre exercice : les sens d'abord ..... maniement de balles et de boules de diverses couleurs, de cubes et d'autres solides en bois permettant toutes sortes de petites constructions, — pliage, découpage, tissage du papier, — dessins sur un canevas quadrillé, — assemblage de brins de paille ou de bois, etc... Ils n'apprennent donc ni le dessin, ni l'écriture, ni le calcul, ni même la lecture ; mais ils se préparent merveilleusement à toutes ces études à la fois en acquérant les connaissances usuelles qui en sont les matériaux, et en développant les facultés intellectuelles qui servent à les mettre en œuvre. »

Méthode Française. — Franchement, j'aime encore mieux notre programme et notre methode, et l'Autriche elle-même semble être de cet avis, car le règlement officiel, tout en montrant le vif intérêt que le ministre porte à la méthode Frœbel, qu'il accepte, prouve aussi qu'il la modifie et la complète : En effet, ce règlement indique comme BUT : « Fortifier et compléter l'*éducation* de famille, *préparer à l'enseignement scolaire* par des exercices corporels bien réglés, par l'éducation des sens et par une première culture *spirituelle* appropriée à l'âge des enfants. » Comme MOYENS : « Occupations propres à développer l'instinct d'activité qui pousse les enfants à vouloir créer et façonner ; — exercices de mouvements et de chants, exercices d'instruction et de conversation sur des objets et des images, — récits et petites poésies, — travaux faciles de jardinage. »

Qu'on relise nos programmes des salles d'asile, les circulaires qui en ont marqué l'esprit, et qu'on mesure la large part qui leur est faite à côté des idées du disciple de Pestalozzi. J'ai examiné avec un vif intérêt les travaux des enfants de la Suisse, de la Belgique, de l'Autriche, des Etats-Unis ; j'ai admiré la patience des maîtresses qui les ont formés ; j'ai été heureux de les voir s'ingénier à les mettre sur la voie pour trouver des dessins originaux ; mais tout cela ne me déterminerait pas à désirer le changement de la marche que nous suivons ; tout au plus me suggère-t-elle l'idée de quelques emprunts peu importants.

3. *Modifications à apporter.*

Nous ne pouvons espérer de longtemps, arriver à ce qu'exige le règlement auquel nous avons fait quelques emprunts : âge des enfants rigoureusement fixé de quatre à six ans ; — 40, maximum des enfants confiés à la garde d'une seule personne. Toutefois, nous pourrions obtenir, ce qui déjà s'est fait par l'initiative des comités locaux, l'entrée de l'asile à trois ans au lieu de deux. Resterait à restreindre à 125, comme à la salle modèle de Paris, ou au plus à 150 le total des enfants d'une salle d'asile. On a parfois exprimé aussi l'idée de la séparation des sexes, et des salles d'asile libres ont été ouvertes les unes pour les garçons, exclusivement, les autres pour les filles ; sans partager la manière de voir des Américains sur la « coéducation des sexes », je ne vois pas d'inconvénients aux salles d'asile mixtes.

Nos mobiliers ordinaires ont surtout grand besoin d'améliorations : bancs, tables, gradins, moyens de suspension des coiffures, des paniers, lavabos, etc., pourraient être mieux installés, mieux disposés. Mais n'abandonnons pas nos programmes, tenons à notre méthode, méthode vraiment française « qui s'adresse à l'intelligence tout entière, qui n'est pas une simple réunion de procédés plus ou moins ingénieux ne développant que certains côtés de l'esprit, certaines facultés au détriment des autres, souvent » ; qui ne néglige pas le côté moral, qui veut le développement des qualités du cœur à côté de celles de l'esprit.

N'hésitons pas cependant à emprunter à la méthode Frœbel ce qu'elle a de conciliable avec la nôtre. Sans doute cette méthode oblige à des dépenses d'installation et de mobilier plus grandes que celles qui effraient déjà nos municipalités : mais veut-on la fin ? Il faut vouloir les moyens. Ayons, comme à Paris, la salle annexe qui prépare à la classe ; acceptons les « dons » de Frœbel pour développer « l'habileté de la main et la sûreté du coup d'œil » ; faisons exécuter avec crayons de différentes couleurs ces petits dessins qui doivent tant plaire aux enfants ; à défaut de tables, ayons des ardoises quadrillées ; arrivons à ces petits travaux en papier, en paille, en bois, etc. ; à l'*intuition* joignons l'*invention*, soit ; mais ne faisons pas uniquement de l'asile la préparation à l'atelier. Nous ne voulons pas seulement une France grande par les arts et l'industrie ; nous la désirons grande par le cœur, le dévouement, les sacrifices, et la jeune génération doit être préparée à tous les sentiments généreux.

II. — LES ÉCOLES.

1. Locaux. Mobilier. — Livres. Prix. — Musées scolaires. — Bibliothèques.

« Rien n'est indifférent, dit M. Gréard, dans le détail de l'organisation matérielle de classe. C'est une partie essentielle de l'éducation, car il doit en résulter pour l'enfant des habitudes de convenances, de propreté, de bonne tenue. Une classe bien aménagée, bien ordonnée, où l'élève entre avec un sentiment de plaisir mêlé de respect, le dispose et le contraint moralement pour ainsi dire, à l'application et au travail. » Examinons donc quelques-unes des dispositions matérielles dont l'Exposition nous offre des spécimens.

Et d'abord les locaux.

LOCAUX. — Paris offre un modèle d'école communale : préau au rez-de-chaussée, salles de classe au premier étage. Chaque classe a sept rangées de deux tables de 4 élèves chacune ; toutes les tables sont isolées les unes des autres : place pour 56 élèves. Remarquons que dans les plans nouveaux on a bien compris que le chiffre de 80 élèves, donné comme maximum pour une classe, est beaucoup trop élevé ; il y a tendance générale à le ramener à 50. Ajoutons que, même à Paris, on semble adopter comme type la table à deux places : nous allons nous en occuper.

La cloison séparative des classes est vitrée. A ce sujet on a fait cette remarque que, dans plusieurs villes d'Autriche, les classes ne sont pas contiguës comme chez nous. Une pièce longue et étroite est ménagée entre deux classes et sert de vestiaire, de dépôt de paniers, etc. Cette disposition, qui a ses avantages, se prête moins à la surveillance des adjoints par le titulaire, isole peut-être trop les jeunes maîtres qui n'ont pas l'autorité et l'expérience voulues, isole aussi trop les élèves qui, se sentant moins surveillés, doivent être plus difficilement disciplinables.

Le Creuzot a aussi un modèle de classe dont on ne peut, malheureusement, apprécier la ventilation et le chauffage. A part cette lacune, la salle paraît très-bien installée. Les tables sont à deux places, à pupitre distinct pour chaque élève; le dossier est fourni par la table placée derrière ; toutes les tables sont aussi, sur un des côtés de la salle, reliées entre elles, très-solidement fixées et ne se prêtant à aucun mouvement. Tout le fond de la salle est occupé, la moitié inférieure par un vaste tableau noir qui se prête parfaitement aux leçons collectives ; l'autre moitié, la partie supérieure, par des cartes géographiques.

La Belgique donne aussi, par les soins de la Ligue de l'enseignement, un spécimen de classe. Disons ici que « son exposition scolaire est certainement une des plus considérables de toutes les nations étrangères. » Cette salle a un mobilier complet qui appelle vivement l'attention et dont nous ferons mention ; elle renferme aussi des sentences que nous avons cru bon de copier et dont nous reparlerons.

Le Canada nous présente un modèle d'école supérieure à deux étages, et un modèle plus simple d'école publique de la province d'Ontario. Ce dernier montre, à l'entrée, un vestiaire garni de lavabos ; il y a deux salles, la première pour une cinquantaine d'élèves, avec tables pour un seul élève ; sous chaque table une planchette pour recevoir les livres ; la seconde salle avec gradins pour leçons de choses, de géographie ou de toute autre branche nécessitant l'emploi du tableau noir.

Près de la porte Dupleix est une véritable école fréquemment visitée : je veux parler de l'école ou plutôt des écoles-modèles, avec mairie, de M. S. Ferrand, écoles qui, par la modicité du prix, sont comme le dit l'auteur, « pour nos plus pauvres communes. » J'ai plusieurs fois visité les salles de classe. Je ne m'arrêterai pas à la critique, que je crois fondée, de l'insuffisance de l'habitation, comme nombre, étendue, hauteur des pièces ; je ne dirai rien de la mairie. Je veux surtout examiner les classes qui résument, je crois, les principales innovations de l'architecte-ingénieur dans nos constructions scolaires. La brochure qu'il a publiée peut, au besoin, servir de guide et je la mettrai à profit.

Ce qui frappe tout d'abord c'est la forme de la classe et son éclairage différent à droite et à gauche : la classe est octogonale ; elle peut recevoir environ 50 élèves, elle a d'ailleurs 55 m. carrés, et 264 m. cubes : on voit que l'air et l'espace ne manquent pas. L'auteur établit que la forme octogonale est plus avantageuse, plus solide, plus économique, plus agréable que la forme rectangulaire ; elle permet une surveillance plus efficace, faite à plus courte distance ; elle offre plus de surfaces murales pour tableaux, cartes, etc ; elle se prête à une meilleure ventilation ; à un chauffage plus facile, à un éclairage rationnel. Sur plusieurs points l'innovateur nous paraît avoir raison ; il a surtout bien compris l'éclairage, échappant à l'éclairage bilatéral égal, par l'éclairage bilatéral avec intensités lumineuses différentes ; à gauche 10 mètres de surface vitrée, à droite, l'autre châssis n'en mesure que 5 mètres. On a, dans ces derniers temps, préconisé l'éclairage du côté gauche seulement : M. le docteur Riant critique cette disposition à laquelle échappe heureusement M. S. Ferrand.

La disposition des châssis est très-bonne. Les deux tiers sont munis d'un système spécial permettant au moyen d'une tringle unique, de les ouvrir tous ensemble, sous un angle variable, plus ou moins ouvert, suivant les besoins de l'aération et de la ventilation: l'autre tiers, le supérieur, s'ouvrant complètement « l'air pénètre de bas en haut, va frapper le plafond, descend dans la classe, graduellement, sans baigner brutalement les enfants. » Cette ventilation nous paraît parfaitement entendue, ainsi que les moyens de chauffage, et la brochure sera utilement consultée par les architectes. L'auteur a encore utilisé d'une manière heureuse la calotte de la classe, en y faisant peindre une partie de la sphère céleste.

Il y a aussi un ameublement complet, sur lequel nous reviendrons.

La grosse question, pour moi, est de savoir, si dans notre région, où la main-d'œuvre est élevée, où les matériaux sont chers, on pourrait avoir pour 18,000 fr. cette double école avec mairie. La construction résisterait-elle comme les nôtres en pierres et en briques, et ne nécessiterait-elle pas des réparations assez fréquentes? Assurément à ces questions et à bien d'autres, l'auteur, qui m'a paru convaincu, répondrait victorieusement ; mais jusqu'à ce que l'expérience en ait été complètement faite, je me permettrai de douter.

Puis, est-ce l'effet de l'habitude ? J'abandonnerais difficilement la forme rectangulaire, se rapprochant du carré afin de se prêter à toute la surveillance désirable et à une bonne discipline. Je ne sais si la classe octogonale se prêterait aussi bien aux groupes que, pour bien des leçons, nous sommes obligés de former, et qu'il faut, à cause du bruit inévitable, éloigner le plus possible des élèves travaillant aux tables. D'ailleurs, les Américains, hommes pratiques, n'offrent rien qui s'éloigne des dispositions ordinaires, et les modèles que nous donne le rapport sur l'exposition de Philadelphie, où cette question de maisons d'école et de mobiliers scolaires est si largement traitée, ne montrent rien qui diffère, sous ce rapport, de nos salles de classe fançaises. Pourtant, ce qui est mieux compris que dans nos constructions, ce sont les vestiaires et la disposition des portes s'opposant à ces vifs courants d'air auxquels n'échappent pas toujours les constructions des architectes de notre département. Je ne parle même pas des grandes écoles des États-Unis, mais de l'école rurale où les moyens de ventilation, d'aération sont autrement entendus que chez nous. « Au lieu de deux vantaux s'ouvrant dans la largeur, ce sont deux châssis formant moitié de la hauteur, suspendus au moyen de poulies et glissant l'un devant l'autre. Cela permet d'avoir à volonté de l'air par en haut ou par en bas, ou même aux deux extrémités. » Ajoutons que ce système n'est pas sans inconvénients et que sous ce rapport, les moyens de M. Ferrand sont un progrès.

Dans les écoles de New-York et d'autres villes des États-Unis ou de l'Amérique anglaise, il y a une disposition que je regrette de ne pas voir au moins dans nos grandes écoles de villes, ce sont ces classes à gradins qui conviennent si bien aux explications collectives, aux leçons générales, aux récitations, etc. Je ne parlerai pas des accessoires, salle de réunion générale, à laquelle les plans américains semblent trop accorder,—la bibliothèque,—le cabinet de physique, — les lavabos, — les vestiaires, etc. Sous le rapport du confort, il nous reste tant à faire que je n'ose même pas l'énumérer. Quant aux moyens hygiéniques, ils me paraissent très-bien compris pour tout ce qui est des salles et des dépendances, mais en France nous hésiterons longtemps encore pour remédier à ce que nos constructions ont de défectueux. Malgré les sacrifices de l'État et du département on a déjà tant de peine à obtenir ce que nous avons ! Que serait-ce s'il fallait augmenter du tiers, ou de moitié, le montant des devis ?

Toutefois, il ressort de l'étude des locaux scolaires de l'exposition que, malgré la bonne installation des nouvelles écoles de Paris,— installation que nos écoles de province auront encore longtemps, je le crains, à envier, — nous pourrions trouver à emprunter aux étrangers, surtout pour tout ce qui constitue une bonne hygiène. Il y a des systèmes de ventilation, d'aérage, de chauffage auxquels nous ferons bien d'avoir recours, et les chapitres si substantiels, sur ces questions, des deux rapports de l'exposition de Vienne et de celle de Philadelphie doivent être consultés.

Vous ne vous attendez pas à ce que je résume ces beaux travaux, aussi je passe immédiatement à la question des mobiliers scolaires.

Mobilier. — La conférence si remarquable de M. de Bagnaux, conférence d'où nous nous proposons d'extraire, le plus brièvement possible, ce qui est praticable à bref délai dans nos écoles, dit toute l'importance que l'on attache à cette question des mobiliers scolaires. Passons rapidement en revue ce qu'offre l'Exposition.

Disons tout de suite la riche et magnifique installation du *Magasin du matériel scolaire*, à Paris, et n'éprouvons pas de regrets de n'avoir pas, même réduites, dans nos principales localités, des dispositions si intelligentes, si complètes, mais qui ne sont possibles qu'avec une population scolaire d'une grande importance.

Dans le mobilier scolaire, ce qui semble primer et avoir principalement attiré l'attention des conférenciers, des rapporteurs, des constructeurs, des exposants, c'est la *table*. Toutes les nations ont compris la nécessité de cartes géographiques, d'un ensemble de poids et mesures, de tableaux noirs, avec disposition plus ou moins commode; de tableaux et d'appareils de lecture plus ou moins ingénieux et développés, etc., mais les combinaisons pour arriver à une table parfaite sont à peu près innombrables.

Commençons par quelques mots de critique empruntés à un homme très-compétent : « La table isolée, avec siége isolé est certainement pour nous l'idéal vers lequel nous devons tendre (c'est aussi la pensée de M. de Bagnaux)... Mais nous n'aimons ni ces siéges, ni ces tables mobiles par glissement, par roulement ou par rabattement, ni ces crémaillères, ni ces écrous... c'est pour cela que le système Lenoir dont toutes les parties sont fixes, nous semble supérieur à tous les autres, et les trois types de grandeur qu'il comprend suffisent à tous nos besoins. » La critique est si facile, qu'on ferait facilement la critique de cette critique. M. Lenient sait aussi bien que qui que ce soit que

« La valeur n'attend pas le nombre des années. »

Il sait encore que la taille ne répond pas toujours à l'âge, or, tout en acceptant la table en raison de la taille, faut-il, pour une application complète, la table isolée, pouvant se déplacer, si l'on veut un ordre quelconque de mérite ou de division, afin d'offrir à chaque élève, à quelque section qu'il appartienne, un siége et une table à sa convenance, et alors qui sait si la *crémaillère* n'obvierait pas à bien des difficultés? La table, même isolée, peut être défectueuse, et les salles annexes de l'école normale d'Auteuil, le pouvaient au besoin : des hommes de belle taille trouveraient trop élevée, par rapport au siége, la partie supérieure des tables.

Mais faisons notre revue et tâchons, autant que possible, d'indiquer les prix, grosse affaire pour nos budgets communaux.

La table de l'école d'apprentissage du Hâvre est à deux places, ayant porte-modèle pour le dessin; siége isolé, fixe et muni d'un dossier. En chêne, la place revient à 22 fr.; en sapin, à 18 fr.

Celle de l'école alsacienne est à deux pupitres; une des parties du pupitre se relève pour que l'élève puisse se tenir debout, car la table est à *distance nulle*. Cette partie mobile a, sur sa face inférieure, une planchette inclinée qui peut recevoir le livre et permettre au rayon visuel de tomber perpendiculairement; aux deux extrémités, des champignons pour suspension de coiffure ou de gibecière.

Voici la table de l'orphelinat Rothschild, avec siége isolé, à dossier, non fixé, dont on peut, au besoin, se servir comme d'une chaise.

Au Creuzot, table à deux places, à pupitre distinct pour chaque élève, dossier fourni par la table placée derrière, toutes les tables reliées entre elles, bien fixées: bon système.

A l'Exposition belge, table isolée, 28 à 32 fr. selon le bois.

En Norwége, table en sapin, à deux places, à dossier, à pupitre glissant.

Au Canada, banc isolé, dossier, pied en fonte.

A l'annexe Ferrand, tables système Lenoir, trois types, selon la taille, à trois places, à dossier, à siége isolé : 30 fr. la place !

En Angleterre, banc-table pour deux élèves, avec mécanisme ingénieux qui permet d'en faire une table de classe pour la lecture et l'écriture, ou un siége commode dans un jardin; c'est le type des tables anglaises se prêtant facilement à la surveillance et à une bonne hygiène. Chaque table de 1m20, 24 à 28 fr., un peu plus compliquée 30 à 37 fr. 50.

Au Japon, table à deux places.— Je suis étonné de l'intelligence que montre ce peuple de l'extrême Orient, que nous sommes si disposés à traiter de barbare. Il me semble, vu le peu de temps qu'il a marché dans les voies européennes, s'être bien vite approprié et d'une manière très-intelligente, tout ce que nous avons trouvé de bien, tant au point de vue du matériel, qu'à celui des méthodes et des procédés.

Décidément, la table à deux places semble emporter tous les suffrages...., jusqu'à ce que la table isolée l'ait supplantée. La grosse question est évidemment la dépense, car il est incontestable que pour la surveillance, le travail, l'hygiène, la santé des élèves, etc., les tables nouvelles sont bien supérieures à celles qu'elles remplacent. Mais quand ces tables anciennes se cotent à 6 ou 8 fr. la place, il faut tripler, sinon quadrupler, pour que nous arrivions au desideratum.

N'y aurait-il pas moyen de concilier les exigences du budget avec celles de la discipline et de l'hygiène? Faut-il absolument renoncer à la table, donnant place à six ou huit élèves? — Que veut-on? — Que l'élève soit bien assis, commodément pour la lecture, l'écriture, au besoin le dessin. Tout cela oblige-t-il à table isolée, système forcément le plus coûteux? — Y a-t-il nécessité de recourir, comme pis-aller, aux tables à deux ou à trois places? Je ne le crois pas : on veut, avec raison, une bonne disposition du pupitre, du banc, du dossier; on veut la table se prêtant aux différentes positions de l'élève, assis, debout, lisant, écrivant, dessinant. Est-ce que la table à places nombreuses s'y oppose d'une manière absolue? Est-il impossible d'arriver à une combinaison, comme à siége isolé, par exemple, permettant à l'élève de se tenir debout, de quitter la table sans gêner ses voisins, en profitant du vide de droite ou de gauche? La table à un seul élève nécessite une surface de classe plus grande, obligeant à cause de son isolement, à calculer cette surface, de manière à donner à chaque élève, plus d'un mètre carré; la table à places assez nombreuses ne change rien à la surface. Mais, objectera-t-on, la question de taille? Sans doute, mais outre que les tables peuvent être plus ou moins élevées, en raison des divisions, et répondre à trois ou quatre types déterminés, on pourrait prendre une disposition de siéges se levant ou s'abaissant, — un support mobile pour les pieds, etc. J'ai bien peur, du reste, qu'on n'ait donné à cette partie du mobilier une importance exceptionnelle qu'elle ne semble pas complétement motiver, même avec les considérations hygiéniques et disciplinaires mises en avant.

Il resterait à examiner les autres parties du mobilier scolaire; mais comme elles se rattachent plus ou moins aux procédés d'enseignement, il nous sera facile d'en parler quand nous passerons en revue les différentes parties de nos programmes. Il nous suffira de dire qu'il y a à l'Exposition de bons modèles de chaires pour les maîtres : c'est là un meuble que nous trouvons encore trop souvent à l'état rudimentaire, une chaise et une simple table, alors qu'il serait si facile de l'avoir commode, se prêtant à tous les besoins du maître en classe, formant pupitre, armoire, même bibliothèque. — L'exposition norwégienne a une chaire grande et commode; elle a aussi de petits cubes en sapin pour l'intelligence des mesures de volume, des solides en bois, d'autres figures en fil de cuivre; des dessins à traits fortement marqués, surtout les traits d'ombre. — Au Canada, il y a des collections pour l'histoire naturelle, des cartes en relief rappelant, comme exécution, la carte Miniscloux.

A l'école-modèle belge, nous avons vu un globe noir sur lequel on peut dessiner à la craie, un tableau ardoisé indiquant le contour de la Belgique et se prêtant à la leçon de géographie telle que l'entend M. Levasseur. — Il y a des systèmes plus ou moins ingénieux pour le placement et la suspension des cartes géographiques, des tableaux noirs s'élevant, s'abaissant, prenant toutes dispositions à la commodité du maître et des élèves, etc., etc.

Il y aurait ici à parler des appareils de GYMNASTIQUE : nous nous proposons d'en dire un mot quand nous traiterons de cette partie de notre enseignement primaire.

LIVRES. PRIX. — Les expositions de nos grandes maisons de librairie, Hachette, Belin, Delagrave, Colin, etc., permettent, si l'on veut seulement se reporter à une trentaine d'années, de mesurer les progrès faits, tant sous le rapport matériel, élégance, solidité, bonne impression, gravure, bon marché, que sous le rapport de la valeur intrinsèque des livres publiés par des auteurs très-compétents et de très-intelligents éditeurs. Ici nous pouvons, sans la moindre appréhension, comparer nos productions avec celles des pays étrangers, même avec l'Angleterre et les Etats-Unis où le luxe des livres est poussé si loin.

La Belgique a des livres bien édités toutefois moins bien imprimés et moins illustrés que les nôtres.

La Suisse, à côté de nombreux ouvrages classiques, offre sa Chrestomathie française (1), œuvre que je verrais avec plaisir dans nos bibliothèques pédagogiques et scolaires. Parmi les ouvrages *obligatoires* ou autorisés, nous trouvons des noms français : les ouvrages grammaticaux de Larousse, de Poitevin, de Pautex, etc.

Dans la liste des livres en usage dans la province de Québec, nous ne trouvons guère encore que des noms français et bon nombre d'ouvrages bien connus dans nos écoles : Dictionnaire Benard, livres classiques des Frères des écoles chrétiennes, différents cours d'histoire de l'abbé Drioux, la grammaire selon l'Académie de Bonneau et Lucan, etc., etc. Les livres de lecture, ainsi que les géographies y sont aussi illustrés de nombreuses gravures qui se prêtent si bien à l'intelligence du texte et aux explications du maître (2).

L'exposition parisienne donne le catalogue adopté pour *distribution de prix;* il comprend les écoles primaires et les classes

(1) Par Vinet, imprimé à Lausanne, comprenant trois parties : Littérature de l'enfance, 4 fr. ; — Littérature de l'adolescence, 4 fr. ; — Littérature de la jeunesse, 5 fr.

(2) Ce n'est pas sans une certaine émotion qu'en parcourant les envois du Canada, notre ancienne colonie, on trouve des noms à peu près tous français et

d'adultes, avec des subdivisions : Prix d'excellence, — Instruction morale et religieuse, — Histoire, Biographie, — Géographie, Voyages, — Applications scientifiques, — Ouvrages littéraires, Contes, Nouvelles, Historiettes. — Prix de chant, — Divers. Ce catalogue, très-bien rédigé, fait naître le désir qu'un catalogue officiel permette aux administrations locales, aux Directeurs et Directrices d'écoles, un choix d'ouvrages vraiment utiles, constituant pour l'élève un premier fonds sérieux de bibliothèque, et répondant au vœu exprimé récemment par M. le Ministre lui-même. Ce catalogue rendrait notre tâche bien facile quand il s'agira de nouveau d'apposer notre visa sur les listes annuelles.

MUSÉES SCOLAIRES. — En France, il suffit qu'une porte soit ouverte à une idée nouvelle pour qu'on s'y précipite avec un feu, une ardeur souvent trop intense pour être de longue durée, mais qui a, même au commencement, l'inconvénient de faire souvent dépasser le but. Cette réflexion nous est suggérée par la vue des riches musées scolaires qu'on peut admirer à l'Exposition, pour lesquels on a fait de magnifiques vitrines, mais auxquels je reprocherais volontiers leur richesse même. On a déjà écrit : « Nous aurons à constater un mouvement irréfléchi vers ces collections qui, devenant trop complètes et trop scientifiques, ne peuvent plus servir du tout à nos écoles. » (JOURNAL DES INSTITUTEURS). Et le MANUEL GÉNÉRAL : « Pour que le musée scolaire rende de véritables services, il faut qu'il réponde à certaines conditions dont la première est qu'on s'en serve pour l'enseignement... Réunir les éléments des diverses collections qui doivent composer le musée scolaire, les chercher soi-même ou les faire chercher, provoquer des envois, des échanges, etc., etc., rien de plus intéressant à tous les points de vue possibles ; mais se servir à bon escient des collections une fois recueillies et mises en place, c'est bien souvent une tout autre affaire. »

---

dont plusieurs rappellent des illustrations : Je me permets d'en transcrire quelques-uns :

Dumas, Bourdon, Vallière, Allard, Hamil, Fortin, Lavergne, Jarry, Marceau, Papin, Perrault, Beauchamp, Giroux, Taillefer, Lamothe, Legendre, Jasmin, Paré, Turenne, Noël, Tellier, Dupont, Delisle, St-Amour, Talbot, Malouin, Daveluy, Cognac, Bourbonnais, Languedoc, Grignon, d'Auteuil, Villeneuve, Roy, Leduc, Herbert, Hébert, Lacroix, La France, Lajeunesse, Ladouceur, Latour, Lalande, Lapointe, Larose, Laberge, Larivière, Lachapelle, Lespérance, Lachance, Laplante, Lafleur, Laframboise, Brodeur, Mercier, Cloutier, Vannier, Chevrier, Marchand, Boucher, Pelletier, Fournier, Dufresne, Poirier, Ducharme, Desnoyer, Desroches, Durocher, Beaupré, etc., etc.

J'ai bien peur que devant les magnifiques collections qui seront, probablement, jugées dignes de récompense, bien des instituteurs n'aient éprouvé un certain découragement en pensant à la modicité de leur musée, à la pauvreté du meuble, au peu de valeur et d'apparence des objets recueillis pourtant avec peine, patience et persévérance. Qu'ils se consolent et se rassurent : leurs efforts, leur bonne volonté sera appréciée par les hommes sérieux qui les visiteront, et ils mériteront des éloges, s'ils savent, par leurs leçons, tirer tout le parti possible de leurs humbles essais.

Je n'énumérerai pas les nombreux envois des musées scolaires français parmi lesquels ceux du Nord, principalement ceux de MM. Herlem, font excellente figure; mais j'ai surtout apprécié les envois des instituteurs qui, comme M. Faidherbe, de Roubaix, M. Poulain, du Calvados, et bien d'autres, ne voulant pas trop embrasser, se sont bornés aux industries locales auxquelles les parents de leurs élèves, et ces élèves eux-mêmes sont ou seront employés : filature, tissage, cardage, fabrication du papier, etc., etc. — Voici un instituteur de l'Algérie qui nous montre le matériel de première installation d'un colon algérien, c'est bien; — voici la Suisse avec ses musées d'histoire naturelle, ses collections entomologiques, ses herbiers, ses collections de fruits et de produits divers, ses collections zoologiques, minéralogiques, pétrographiques, géognostiques, etc., etc., le tout très-beau, très-savant, mais très-coûteux. — Voici la collection très-remarquable des principaux insectes utiles et nuisibles de la France, collection due aux soins du savant conférencier M. Maurice Girard; mais, comme on l'a dit : « elle indique le maximum qu'aucune école normale ne doit dépasser. »

D'autres pays ont de superbes musées scolaires, très-beaux pour une exposition, mais dont bien peu de maîtres tireraient tout le parti possible. On peut être, heureusement, excellent instituteur, sans être savant naturaliste, sans avoir fait des études approfondies de géologie, sans posséder des connaissances spéciales de diverses industries, etc.

Je l'avoue, je comprends le musée scolaire et aussi le musée de la salle d'asile, — qui en est le point de départ, — un peu différents des musées exposés. Pour moi, qui dit *musée scolaire* dit un ensemble d'objets servant aux leçons de choses, se prêtant à la méthode intuitive, appelant les questions et les observations des enfants, étant, en un mot, d'un grand secours pour les explications et les développements oraux donnés par les maîtres et les maîtresses. C'est à peu près ce que résume cette phrase de l'école modèle belge : « Collection pour toutes choses ou la représentation des choses qui forment la matière des leçons. »

Je trouve le musée scolaire ainsi conçu extrêmement utile dans notre Flandre et sur tous les points de la France où le français n'est pas la langue usuelle; là, il secondera nos efforts, pour les progrès de la langue nationale. Que les objets qui le constituent soient distribués d'une manière intelligente, qu'il n'y ait pas pêle-mêle, confusion; que le maître et les élèves sachent toujours où les trouver; qu'ils soient disposés de manière à donner aux enfants l'idée générale des grands règnes, des différentes industries, — des usages divers, ce sera bien; mais qu'on ne vise pas à être complet, à sortir du cadre des connaissances primaires, à avoir des objets de valeur et de grand choix : on arriverait alors à un contraste choquant qui finirait par faire éliminer de préférence les choses les plus utiles, pour ne laisser que le plaisir des yeux, au détriment du profit des leçons.

Bibliothèque scolaire. — Nous voulons surtout ici rappeler les paroles de M. le ministre, adressées aux instituteurs, à la réunion du 28 août : « Nos bibliothèques scolaires existent bien, et elles se développent tous les jours; mais vous savez comme moi qu'apprendre à lire n'est rien, il faut apprendre à *aimer à lire*. L'instituteur doit surtout s'attacher à faire aimer le livre; parce que le bon livre que vous remettrez entre les mains de l'enfant pénètre avec lui dans la maison paternelle, dans le foyer domestique et y répand la vérité moralisatrice. »

Ajoutons cependant que le département du Nord est doté déjà de nombreuses bibliothèques scolaires, mais, si j'en juge par celles que je connais, elles ne sont pas assez suivies. Il y aurait beaucoup à dire sur le choix des livres, sur les moyens de trouver des lecteurs, etc., etc.; mais cela nous éloignerait de notre sujet. Contentons-nous d'exprimer vivement ce vœu : arriver vite à *faire aimer* les bonnes lectures, tout en signalant le danger des mauvaises.

Nous avons vu, dans une des salles de l'annexe Ferrand un très-beau corps de bibliothèque, très-ingénieusement disposé, mais coûteux. Ici encore il faut ménager les deniers communaux : quel est le conseil municipal d'une commune rurale, ou autre qui, allouerait trois à quatre cents francs (la bibliothèque Schrelder, avec rayons multiples, 450 fr.) pour un corps de bibliothèque, alors qu'il n'accorde rien pour alimenter cette bibliothèque?

2. *Programmes. Matières de l'Enseignement. — Education. — Caisses d'épargne scolaires.*

Programmes. — Aux États-Unis « les autorités chargées de la direction et de la surveillance des élèves, ont été amenées à établir des plans d'études détaillés, indiquant, pour chaque catégorie d'écoles, chaque classe, chaque division, souvent, et pour tous les trimestres, sinon pour tous les mois de l'année, les matières de l'enseignement dans les diverses branches des programmes » Ces programmes sont obligatoires. Ils entrent dans des détails tels que dans le RAPPORT sur l'Instruction primaire à l'Exposition de Philadelphie, rien que le programme des *leçons de choses* pour les « Primary schools » de Cincinnati, tient cinq pages grand in-8, en petit texte. Il répartit ces leçons en cinq années et elles ont pour objet :

1re ANNÉE : Objets de la classe. — Parties du corps humain. — Vêtements. — Objets à l'usage de l'enfant. — Nourriture. — Fleurs communes. — Plantes usuelles.

2e ANNÉE : Formes et directions. — Couleurs. — Dimensions — Poids. — Places. — Parties. — Matières. — Le corps humain. — Vêtements. — Téguments des animaux comparés à nos vêtements. — Plantes, fleurs, arbustes.

3e ANNÉE : Animaux familiers. — Autour de la maison. — Métiers et professions. — Propriété des objets.

4e ANNÉE : Produits végétaux, animaux, minéraux. — La cité. — Animaux : Mammifères, Oiseaux, Poissons, Reptiles. — Plantes. — Minéraux. — Propriété des objets. — Couleurs, qualités générales.

5e ANNÉE : Animaux ; Mammifères : Bimanes, quadrumanes, carnivores, race féline. — carnivores, race canine, — insectivores, amphibies, rongeurs, solipèdes, ruminants, pachydermes. — Oiseaux : rapaces, passereaux, gallinacés, grimpeurs, échassiers, palmipèdes. — Physiologie humaine.

On voit quelle large place est faite à l'histoire naturelle dans ces *leçons de choses*.

Les écoles rurales comprennent huit années d'études et enseignent : lecture, écriture, grammaire, orthographe, arithmétique, géographie, histoire C'est, à part l'instruction religieuse, notre programme obligatoire.

Le plan d'études des écoles des grandes villes embrassent douze années : 4 pour les classes élémentaires, — 4 pour les écoles de grammaire, — 4 pour les écoles supérieures. Les ÉCOLES ÉLÉMENTAIRES enseignent la lecture, l'écriture, la langue maternelle, les leçons de choses, le calcul, le *dessin*, la *musique*, la géographie, la langue anglaise, la *morale et la civilité*. — Les ÉCOLES DE GRAMMAIRE, à ce programme plus développé ajoutent l'histoire générale, celle des États-Unis, la constitution des États-Unis, des exercices de style et de composition, la géométrie, la physique, la chimie, la physiologie sous forme de lecture. — Les ÉCOLES SUPÉRIEURES ont en plus l'arithmétique commerciale, le latin, le grec, l'allemand, le français, les sciences naturelles, la rhétorique, la logique, etc., c'est l'enseignement de nos lycées.

Ne nous en tenant qu'aux écoles élémentaires, nous voyons qu'en Amérique, et, si nous consultons les plans d'études de nos voisins, chez beaucoup de peuples européens, les programmes sont plus variés que chez nous ; ils ont ajouté à nos matières obligatoires, le *chant*, la *gymnastique*, même pour les filles, le *dessin linéaire* et *artistique*, *l'histoire naturelle* et la *physique*. Remarquons que les leçons pratiques d'agriculture et d'horticulture sont généralement négligées.

Le cours d'études des écoles catholiques de Montréal (Canada) est réparti en sept années : 3 années pour le cours primaire, — 2 années pour le cours intermédiaire, — 2 années pour le cours commercial. Le COURS PRIMAIRE comprend l'étude de la langue française et de la langue anglaise, la lecture, le calcul mental et écrit, l'histoire sainte, le catéchisme, les figures géométriques, les leçons de choses, les bienséances, le dessin, le chant, la gymnastique, même pour les filles. — Le COURS INTERMÉDIAIRE ajoute l'histoire du Canada, l'art épistolaire et développe les autres branches. — Le COURS COMMERCIAL, à toutes ces branches développées encore, joint la tenue des livres, l'histoire de France la correspondance et les transactions commerciales, le mesurage des surfaces et des solides. Certaines classes spéciales ajoutent l'histoire d'Angleterre, la sténographie, la télégraphie, le droit commercial, l'économie sociale, la littérature, l'algèbre, la géométrie, etc.

L'examen de ces programmes, les résultats obtenus et qu'on peut constater par les envois à l'Exposition, doivent nous engager à faire effort pour que nos études élémentaires s'enrichissent de quelques parties obligatoires. Il me semble que ce qu'on fait aux États-Unis, en Allemagne, en Autriche, etc., peut s'obtenir chez nous, et toutes nos écoles devraient enseigner le dessin, le chant, la gymnastique, des notions d'agriculture, les éléments des sciences physiques et naturelles, de la tenue des livres. Espérons aussi qu'après la magnifique conférence de M. Buisson, sur les *leçons de choses*, qui tiennent, nous l'avons vu, une si grande place dans les programmes américains, nos instituteurs comprendront toute la nécessité et l'importance de ces leçons collectives, le besoin de les préparer sérieusement, de les graduer, de les rendre intéressantes.

MATIÈRES DE L'ENSEIGNEMENT : LECTURE. — Nous ne nous arrêterons pas à relever toutes les méthodes, les procédés, les instruments inventés pour l'enseignement de la lecture. Chaque auteur, chaque inventeur, alors même qu'il reproduit, sans le savoir, des procédés déjà anciens, est certain que sa méthode distance singulièrement toutes les autres; il en donne des démonstrations d'un ton de conviction qui dit combien il est sûr des résultats. Le plus souvent, pourtant, il oublie que ce qu'il a parfaitement saisi, que ce mécanisme que comprendront vite les maîtres, les hommes faits, trouvera les petits enfants tout ahuris, et finira par leur faire dire machinalement et de mémoire ce qu'il aurait fallu faire entrer dans leur intelligence.

Je me suis fait longuement expliquer le mécanisme et l'emploi de la SOUCIEUSE (annexe Ferrand), et je suis vraiment effrayé de tout ce qu'elle contient. L'auteur, un instituteur, a dû y consacrer bien du temps, mais je crains bien qu'il n'ait voulu trop : ce n'est pas seulement la lecture qu'il a eue en vue ; mais la grammaire, l'arithmétique, la musique, l'histoire sainte, la géographie, etc., etc. Qu'arrive-t-il ? C'est que la Soucieuse, très simplifiée, à bon marché, pourrait rendre des services ; compliquée comme elle l'est, elle est d'un prix inabordable et donne envie de dire avec l'un des rédacteurs du *Journal des Instituteurs* : « Toutes les fois qu'une prétendue découverte s'adresse à la mémoire seulement et ne met point en éveil l'attention, ne provoque pas la réflexion, le jugement de l'enfant, nous la repoussons. » Je crois que dans beaucoup de cas le tableau noir, les bons tableaux de lecture, les lettres mobiles, sont préférables au mécanisme de la Soucieuse et à toutes ces combinaisons qui ne manquent pas d'intérêt pour nous, mais qui sont au-dessus des efforts des jeunes intelligences.

Nous ne pouvons indiquer tous les procédés proposés ; les meilleurs, selon nous, sont ceux qui enseignent simultanément les caractères ordinaires avec ceux de l'écriture.

Pour montrer l'importance qu'on accorde à la lecture, nous nous contenterons d'extraire d'un des cours d'études de l'Amérique ce qu'il indique pour cette partie :

1re et 2e ANNÉE : Lettres, épellation et lecture courante avec la *signification* des mots tirés du livre de lecture, et la *traduction* des mots usuels. Nommer les signes de ponctuation.

3e ANNÉE : id. — Donner l'*intonation* convenable et rendre compte de la lecture. Signification des mots tirés du dictionnaire. Remarque : La *prononciation* et l'*intonation* sont l'objet d'une attention particulière.

4e ANNÉE : Récapitulation des règles étudiées. — Rendre compte de la lecture. — *Pauses* indiquées par la *ponctuation* et par les *sens*. — *Epellation* et *définition* des mots tirés du livre de lecture et du dictionnaire. — *homonymes*, mots *opposés* et *dérivés*.

5e ANNÉE : Lecture *expressive* et *raisonnée*. *Epellation* et *définition* continuées. — homonymes, etc

Voilà ce que dans les écoles de Montréal comprennent le Cours primaire et le Cours intermédiaire : chaque année a un livre spécial et ces études se font dans les deux langues, française et anglaise.

Avouons que chez nous la lecture ne tient pas cette place importante, place qu'elle devrait tenir et que lui accorde la récente circulaire de M. le Ministre de l'Instruction publique.

ÉCRITURE. — Voici d'abord quelques notes prises un peu au hasard.

Au Canada on donne une grande importance à la CALLIGRAPHIE ; on arrive à une écriture anglaise ou cursive, régulière, accusant bien les pleins et les déliés. — *Cahier unique* pour tous les devoirs : « Nous trouvons à ce sytème, dit le journal l'*Éducation*, un double avantage : mettre parents, maîtres et inspecteurs à même de constater facilement et réellement la force ou la faiblesse d'une classe, et celui de débarrasser tout le monde d'une masse de cahiers inutiles. » J'ajoute que la tenue du cahier unique oblige l'élève à des soins d'ordre et de propreté qu'il n'accorde presque jamais au cahier brouillon, et qu'il réserve, je dirai exclusivement, pour les devoirs au *net*. « Les devoirs du Canada ont un grand cachet de vérité et d'honnêteté ; les fautes sont marquées à l'encre rouge. »

Etats-Unis : — Anglaise cursive formée uniquement de déliés, les pleins font presque absolument défaut.

Suisse : Même dans les envois des écoles normales, l'écriture m'a paru laisser souvent à désirer, comme élégance et certitude de traits.

Belgique : — On semble accorder beaucoup d'importance à l'écriture ; il y a des méthodes soignées.

France : — Beaucoup de départements ont envoyé de très-beaux cahiers, trop beaux même pour ce qui est des devoirs de français et de calcul, qui sont plutôt des mises au net, après correction, que le travail de premier jet de l'élève. L'écriture est assez généralement bonne.

Naturellement, j'ai examiné quelques cahiers du département du Nord : ceux de M. Jennepin, à Cousolre peuvent, à tous égards, soutenir la concurrence et la comparaison avec ceux des autres départements. Ceux de M. Damiens, à Valenciennes, donnent l'écriture suivant la méthode de M. Flament ; quelques-uns sont très-bien et montrent ce que la FRANÇAISE a de réellement avantageux quand elle est bien exécutée, d'autres sont assez bien ; pour les élèves moins avancés l'écriture parait lourde, se prêtant peu à exécution rapide.

Paris : — J'ai vu, entr'autres les cahiers d'une école de filles : les pages d'écriture, à main posée, m'ont paru assez médiocres. Cette partie de l'enseignement ne semble pas préoccuper ou intéresser autant les maîtres parisiens que certains instituteurs étrangers qui y voient comme une sorte de dessin, tandis que les premiers ne désirent qu'une écriture courante et lisible, prisant peu l'élégance.

A ce moment, la lutte paraît sérieusement engagée entre la FRANÇAISE et L'ANGLAISE qui ont toutes les deux des champions très-ardents et très-convaincus. Selon moi, tout aboutira à un compromis déjà tenté avec quelque succès depuis nombreuses années par M. Taiclet : nous renoncerons aux formes lourdes et lentes de la bâtarde et de la coulée, et aussi aux formes grêles trop penchées, chargées de traits inutiles de l'anglaise ; ce sera si l'on veut de l'éclectisme en calligraphie : n'est-ce pas ce que tentent deux instituteurs de Lille?

La question un peu controversée des *cahiers préparés* est, je crois, résolue partout en leur faveur. On s'accorde enfin à reconnaître qu'ils valent mieux que les modèles anciens qui, outre la gêne qu'ils apportaient à la surveillance, suspendus devant les élèves, ne pouvaient se renouveler assez souvent pour constituer un cours, obligeaient le maître à beaucoup plus de soins, et ne guidaient pas aussi sûrement les élèves.

LANGUE MATERNELLE. — Nous comptons extraire de la Conférence de M. Berger, et de celle de M. Michel Bréal, ce qui, au point de vue de méthode, demande une application immédiate ; nous nous contentons ici de quelques remarques.

Il est bien difficile, au milieu de ces nombreux cahiers qui encombrent l'Exposition française, et pour lesquels on n'a pas trouvé, semble-t-il, la disposition la plus avantageuse, de suivre la marche acceptée par les maîtres. Trop souvent préoccupés de l'idée que les travaux des élèves seront *exposés*, ils ont plutôt visé à la beauté de l'exécution qu'à la valeur du fond. Ajoutons que beaucoup sont gênés : chacun selon ses goûts, ses études, donne la préférence à l'une des branches. On lui a dit, par exemple : « Donnez une couleur agricole à votre enseignement. » Pourquoi cet enseignement n'aurait-il pas tout aussi bien une teinte historique, ou géographique, ou scientifique ? De là des dictées diverses, selon les tendances, mais souvent peu graduées, les premières sont aussi difficiles que les dernières au point de vue de l'orthographe d'usage ou de règle ; on ne trouve guère la gradation que dans les exercices purement grammaticaux et alors ce sont ceux de la grammaire adoptée, ou d'analogues trouvés par les maîtres. Rarement rencontre-t-on une série de devoirs tous préparés par l'Instituteur ou l'Institutrice, et constituant un cours tout-à-fait personnel.

Dans les écoles de Paris une large place, paraît-il, est donnée à la littérature Ainsi dans les envois d'une école de filles, après une nomenclature empruntée à la botanique et trop développée, à côté de la *conjugaison complète* d'un verbe facile, vient l'analyse détaillée du *Cid* et du caractère des principaux personnages. Je comprends et j'admets bien volontiers qu'on s'occupe de littérature ; qu'on fasse admirer les productions des génies littéraires, mais donner tant de détails à une seule pièce de Corneille semble indiquer des développements qui ne sont pas en rapport avec une instruction, même supérieure, pour les jeunes filles. Ici surtout, la disparate est trop choquante : des exercices grammaticaux d'élèves de huit à dix ans, se côtoyant avec des exercices littéraires très-élevés et de savantes nomenclatures d'histoire naturelle. Il y a manque de mesure et l'on sent la nécessité de programmes bien détaillés, fixant complètement les limites de chaque partie de l'enseignement.

Dans le *cours supérieur* d'une de nos bonnes écoles du département du Nord, je trouve des *dictées de mots :* on a eu, je le suppose, en vue l'orthographe d'usage ; mais ce genre de dictées me parait bien fastidieux, et n'est guère plus utile que des copies faites dans un dictionnaire. On m'objectera peut-être que chaque mot est expliqué, mais alors que de temps exige un pareil exercice ! Et combien peu doivent se lier les différentes parties choisies non en raison du sens, mais en vue des difficultés matérielles de l'orthographe !

Je vois encore beaucoup trop d'analyses grammaticales ou logiques, de conjugaisons entières. On a fait assez, et en haut lieu, la critique de ce genre d'exercice pour qu'il ne soit pas nécessaire d'insister.

Dans les pays étrangers on semble accorder moins que chez nous à la *dictée*, mais beaucoup plus à la *rédaction*. Celle-ci est l'objet de soins particuliers aux États-Unis ; les devoirs d'écoliers américains publiés par M. Buisson le prouvent suffisamment. Toutefois, les envois ont fourni cette remarque au journal l'*Éducation :* « En général, les compositions ne dépassent pas une bonne moyenne.., les fautes d'orthographe ou de grammaire sont rares Mais il ressort pour moi avec évidence que la collection de devoirs publiée par M. Buisson forme une exception, et a dû être choisie dans toutes les parties de l'Union par des surintendants américains en vue de l'Exposition de Philadelphie. »

En Suisse, le choix des devoirs annonce des soins particuliers pour l'éducation morale. En Belgique, comme en Suisse, une large place est donnée aux exercices de composition et de rédaction.

Au Canada, les *lettres* ont trait, en général, aux incidents de la vie réelle. « Ces petites compositions ont un caractère pratique qui plait d'autant plus qu'il se rapporte mieux à la vue de ceux qui les font. » — J'ai lu une *amplification* sur « *Mary Stuart*, » par une jeune fille de 15 ans : c'est un bon travail. Beaucoup de sujets ont un caractère religieux ; il y des tournures qui ont vieilli, des fautes de français assez nombreuses, mais, comme il est dit en tête du Catalogue de l'Exposition de la province de Québec : « L'exposition scolaire. . a été en quelque sorte improvisée, et cela à dessein, le surintendant de l'Instruction publique ayant voulu exposer non pas les résultats les plus brillants du système d'enseignement qu'il dirige, mais ce système lui-même, *dans son opération régulière de chaque jour.* » A la bonne heure.

Profitons ici encore de ce qui se fait à l'étranger ; réduisons nos exercices de conjugaison, d'analyse écrite, même de dictée, pour les remplacer, en partie, ainsi que le demande M. Berger, par ces petites compositions qui n'auront d'abord que quelques mots, puis quelques lignes, mais qui mettront l'enfant sur la voie pour rendre correctement sa pensée et l'habitueront à la rédaction.

ARITHMÉTIQUE. — SYSTÈME MÉTRIQUE. — Les peuples commerçants, industriels, principalement les États-Unis, mettent l'arithmétique aux premiers rangs parmi les branches de leur enseignement. « L'arithmétique y est enseignée, soit pour la théorie soit pour la pratique, d'une façon simple et en vue des futures professions que prendront la plupart des élèves .. Les problèmes les plus ordinaires portent sur la règle d'intérêt simple et composé, sur les proportions les billets à ordre, l'escompte, le change, etc., pour les classes les plus avancées ; tandis que les basses classes ne dépassent guère les quatre règles... Le calcul mental occupe avec raison une grande place dans l'enseignement américain. » C'est un peu par là que nous péchons Nous péchons bien aussi un peu par le côté pratique ; ce n'est pas dans nos programmes qu'on inscrit, comme au Canada, dès la seconde année du Cours primaire :

« Factures, comptes courants, etc. » Nous ne donnons pas assez à tout ce qui est purement d'opérations commerciales.

En revanche, nous avons une certaine supériorité dans le choix méthodique des questions, et dans la manière de présenter et de disposer les problèmes. Nous voulons, à côté de la facilité du calcul, un travail intelligent, une disposition claire des opérations. Nous ne voulons pas exposer l'élève à ne se payer que de formules apprises par cœur, à jeter, pour ainsi dire, dans un moule uniforme toutes les questions qui se ressemblent. Nous avons pour nous la solution raisonnée en face des calculs intelligemment groupés, disposition que ne nous offrent guère les cahiers étrangers. J'ai vu des pages entièrement couvertes de chiffres, mais pas le moindre raisonnement écrit, et encore ces calculs auraient dû être plus clairement disposés.

Les écoles de grandes villes, Paris entre autres, donnent à la comptabilité commerciale une place plus importante que celle qu'elle occupe généralement dans nos autres écoles. Il est vrai que, par compensation, nos écoles rurales offrent d'assez nombreux problèmes d'agriculture. Toutefois nous avons ici quelque chose à demander, car bien des jeunes gens de la campagne et des petites villes peuvent être appelés dans une maison de commerce, chez un industriel, un armateur, etc. Ils seront, si nous n'y apportons remède, tout décontenancés en entendant un langage à peu près inintelligible pour eux. Il serait facile, semble-t-il, d'introduire, pour nos meilleurs élèves, un vocabulaire restreint, mais suffisant, des principaux termes en usage dans le commerce, l'industrie ; une explication claire et simple des opérations de bourse, de change, etc, enfin des données sur la tenue des livres et la législation commerciale. D'ailleurs force nous sera bien de nous en occuper si nous voulons, ne serait-ce que dans nos cours du soir, préparer les jeunes gens à l'examen du volontariat.

Pour ce qui est des moyens matériels d'enseignement, ils fourmillent dans les diverses expositions : bouliers-compteurs de formes très-variées, plus ou moins savantes, tableaux et nécessaires métriques, cubes en bois pour l'évaluation des volumes, solides réels ou figurés en fils de métal, etc., etc. Le Japon même a ses spécimens de moyens d'enseignement par l'aspect. Partout l'on s'est ingénié pour trouver et varier les moyens de faire comprendre les opérations du calcul et le système des poids et mesures. Tous ces efforts montrent qu'on sait qu'avec de jeunes enfants surtout, la définition quelque claire, simple, précise qu'elle soit, ne suffit pas : il faut la vue de l'objet défini ; il faut faire toucher du doigt le résultat d'une opération, le figurer par des boules, des bûchettes, etc.

HISTOIRE. — Nous ne pouvons guère, par les cahiers exposés, juger de la marche et des résultats de l'enseignement de l'histoire. Les programmes nous donnent bien quelques indications, — les mémoires des maîtres, quelques détails, — les livres, une idée de la méthode préconisée par les auteurs, mais tout cela est insuffisant pour nous faire apprécier la valeur de l'enseignement historique.

Les cahiers français nous présentent des résumés, des tableaux chronologiques, des récits détaillés ; mais en somme rien qui annonce une marche nouvelle et des résultats satisfaisants. M. Brouard a, d'une parole émue, éloquente, indiqué à grands traits la manière dont il entend l'enseignement de cette partie importante de nos programmes ; mais je crains bien qu'elle ne reste encore longtemps une des moins productives. Elle s'appuie trop sur la mémoire et bien peu de maîtres encore sont capables de faire leurs différents cours autrement que le livre en main : des explications verbales, des récits animés faits par eux, des interrogations intelligentes éveillant l'attention des enfants et les mettant sur la voie pour bien comprendre les grands faits, tout cela est fort bien dit dans une conférence, tout cela est demandé par les circulaires, dans les visites ; mais tout cela a encore fort peu produit. « A défaut du livre, dit M. Buisson, c'est le maître qui décrira les pays, qui racontera les événements, qui peindra les caractères, en choisissant, comme lui seul peut le faire, ce qui convient à l'intelligence et à l'imagination de ses élèves. » C'est parfait ; mais quand la majorité de nos maîtres suivra-t-elle cette marche ?

Un moyen matériel, à côté du livre illustré, c'est une collection d'images représentant les scènes historiques : cette collection est encore rare dans nos écoles. Pourtant les « Cent récits » de M. Ducoudray, accompagnés, chacun, d'une grande gravure, gravures que reproduisent des couvertures de cahiers ; — l'histoire de France en cent tableaux de M. Lahure, publication qui a pénétré dans quelques écoles, avec un travail semblable sur l'histoire sainte, sont des essais qui méritent encouragement. Pourquoi n'aurions-nous pas, comme pour les récits religieux de la salle d'asile, des gravures assez grandes, se prêtant à la leçon collective, pouvant être vues de loin, et représentant les grands faits de notre histoire ? Ce serait un grand secours pour l'instituteur, un attrait pour les élèves, et un moyen facile d'initiation à une étude plus productive ailleurs que chez nous. Car il faut encore ici avouer notre infériorité et reconnaître que la Suisse, la Belgique, les États du Nord, les écoles américaines entendent mieux que nous cet enseignement, le rendent plus fructueux, plus durable et y ajoutent l'*instruction civique*, alors que nos meilleurs élèves ont à peine une idée des institutions de leur pays.

GÉOGRAPHIE. — L'exposition prouve d'une manière éloquente que nous avons été très-sensibles au reproche qui nous a été amèrement fait d'être fort ignorants en géographie : c'est une profusion de cartes en relief et autres, de livres, d'atlas de tout format et de tout prix ; — de cahiers d'élèves offrant presque tous des cartes plus ou moins chargées, soit qu'elles se rapportent exclusivement aux leçons de géographie, soit qu'elles se rattachent à l'enseignement de l'histoire ; — de mémoires de maîtres traitant de cet enseignement pour lequel le Manuel Général a ouvert un concours très-remarquable, et M. Levasseur a fait une Conférence très-applaudie.

Cet engouement durera-t-il ? Est-il même désirable qu'il dure ? Sachons faire une place convenable à cette partie de notre programme obligatoire, mais ne permettons pas qu'elle empiète sur le temps et les soins réclamés par les autres.

M. Levasseur, dont la compétence ne saurait être mise en doute, a publié, il y a six à huit ans, une brochure : « Étude de l'enseignement de la géographie » où il débutait par reconnaître que la plupart des instituteurs n'avait ni la science ni le goût nécessaires pour un bon enseignement géographique. Les envois à l'Exposition l'auront sans doute convaincu que les choses se sont améliorées. Cependant peu d'écoles embrassent et suivent le programme si vaste qu'il a tracé ; il demandait, — il demande sans doute encore : — 1° l'étude des climats, — 2° la géologie, — 3° le relief du sol, — 4° l'hydrographie, — 5° la géographie historique, — 6° la géographie politique, — 7° la géographie agricole, — 8° la géographie minérale, — 9° la géographie industrielle, — 10° la géographie commerciale, — 11° la géographie administrative, — 12° la géographie démographique.

Quoi qu'il en soit, l'Exposition française de géographie est, — même comparée à celle de l'Angleterre, où nous avons vu de très belles cartes hypsométriques, entre autres l'Europe, rappelant par la disposition des teintes de hauteur la carte de M. Wacquez-Lalo, — notre exposition, dis-je, est la plus considérable de toutes, grâce aux excellentes cartes de MM. Levasseur, Erhard, Cortambert, Pigeonneau, Mlle Kleinhans, etc., etc. La plupart, « par la sobriété des détails, par leur tracé rigoureux et net, autant que par leur cachet sérieux, paraissent tenir un juste milieu entre plusieurs autres qui pèchent ou par trop d'apparence et d'éclat, alors que le fond manque, ou par une surcharge de données scientifiques qui s'adressent aux connaisseurs plutôt qu'à la masse des écoliers. » *(L'Education.)*

Aux États-Unis, les livres et les cartes le disent assez, la géographie *physique* a la première place.

La Suisse dont « l'Exposition scolaire est l'une des plus belles du Champ-de-Mars », a des cartes murales remarquables entre toutes ; il y a des cartes en relief, soit d'un canton, soit d'une montagne, soit des passages les plus importants des Alpes, etc., qui se prêtent admirablement à l'étude de la géographie physique de ce pays. « Un moyen d'enseignement employé est celui-ci : On remet aux élèves des esquisses de cartes locales, collées sur un carton de 0^{m},50 de côté ; elles sont graduées, la première n'est qu'un croquis du sol de la localité, au simple trait, avec courbes de niveau ; la seconde est coloriée hypsométriquement, la troisième administrativement. Les élèves les reproduisent à vue : c'est à la fois une leçon de dessin et de bonne géographie. »

Les cartes de l'Autriche se ressentent de la méthode allemande, elles sont trop savantes.

L'exposition belge, remarquable à tant de points de vue, l'est encore à celui de la géographie. Les travaux d'élèves et les méthodes suivies méritent une attention particulière. « Les travaux cartographiques des écoles primaires sont plus intéressants et mieux soignés que ceux des autres écoles où ce genre d'exercice est peut-être négligé » *(L'Education)*. La marche est bien celle que recommandent les hommes compétents : plan de l'école, de la commune, cartes du canton, etc ; d'autres cartes traitent spécialement certaines parties, ainsi la carte *agricole* de la Flandre occidentale. « L'expérience prouve qu'il n'est nullement déraisonnable d'exiger, dans une composition, le croquis d'une carte pour accompagner la description géographique du pays étudié. » La méthode du frère Alexis M. peut ainsi se résumer : 4 ou 5 cahiers de cartes muettes que les élèves doivent compléter d'abord, colorier si l'on veut, copier à vue ensuite, et enfin reproduire de mémoire en se servant d'un carrelage très-simple. Le but est de faire rapidement et fréquemment des croquis de cartes en rapport avec l'étude courante du texte. *(Id.)*

Voici un pays qui ménage plus d'une surprise aux visiteurs, c'est le Japon où, depuis à peine dix ans, une forte impulsion a été donnée à l'enseignement et a déjà produit des résultats excellents. Les petits Japonais ont aussi envoyé des cartes plus ou moins soignées et coloriées et dont le texte est en français, en anglais ou en allemand ; que diraient de cela nos élèves ? — C'est ici qu'on peut redire, après le *Manuel Général* : « Ces intelligents et sympathiques Japonais ont admirablement compris, en les étudiant spécialement chez les Anglais et chez les Américains, nos méthodes r...ionnelles d'enseignement, et ils ont su, avec non moins d'habileté et d'esprit pratique, les appliquer, dans la mesure du possible, à leur état social, de façon à en obtenir des résultats véritablement surprenants. »

M. Levasseur, dans sa conférence, a montré tout le parti à tirer d'un tableau-carte. Pourquoi chaque école n'aurait-t-elle pas un simple tableau noir quadrillé, sur lequel, et devant les élèves, le maître tracerait le croquis de la carte qui se rapporte à la leçon du jour ? Les élèves auraient des cahiers quadrillés aussi et sur lesquels ils reproduiraient, en petit, et au fur et à mesure, le tracé du maître. Ils acquerraient ainsi, et bien vite, une sûreté de main que nous rencontrons assez rarement, et, de plus, la leçon serait plus intéressante et plus productive.

TRAVAUX A L'AIGUILLE — TRAVAUX MANUELS. — Disons tout de suite que le département du Nord s'est signalé, surtout la ville de Lille, par l'envoi de ses gigantesques albums de travaux à l'aiguille, et, ce qui prouve qu'on les a fréquemment examinés, c'est l'état assez piteux dans lequel ils se trouvent. Malgré leur solidité, ils n'ont pu résister aux assauts répétés qu'on leur a donnés. Ils se signalent du reste par autre chose que par la forme ; je veux dire que les maîtresses, entrant complètement dans l'esprit de nos programmes, ont laissé, peut-être à regret, ces travaux délicats, élégants, bons à distraire les jeunes filles riches et désœuvrées — afin de s'occuper des travaux d'une utilité incontestable que toute mère de famille devrait savoir. Si l'on nous reproche parfois de donner trop à la fantaisie, ce ne sera pas après avoir retourné les *planches* de nos travaux à l'aiguille où sont largement représentés tous les ouvrages utiles de couture et de tricot. Nous ne pouvons prétendre à rivaliser avec les ÉCOLES PROFESSIONNELLES de Paris qui exposent des robes de velours et de soie, et, à côté, les patrons de grandeur naturelle : nos écoles primaires n'ont pas à s'occuper exclusivement des travaux à l'aiguille, et il faut, pour bien juger, ne pas perdre de vue que cet enseignement n'est qu'une branche des études primaires.

On a déjà exprimé le regret que fait naître la mauvaise disposition des envois des différentes académies ; ici encore, à propos des travaux à l'aiguille, on peut remarquer un pêle-mêle qu'ont su éviter les autres nations : il est vrai qu'elles n'avaient pas comme nous l'embarras des richesses.

Les pays étrangers reconnaissent aussi l'importance des travaux à l'aiguille, et sans peut-être aller jusqu'à dire qu'il « est aussi *essentiel* à une femme, qu'elle soit riche ou pauvre, de savoir *coudre* que de savoir lire, » ils ont, par leurs envois, montré tout le prix qu'ils attachent à cette partie des études élémentaires.

Je crois inutile d'entrer dans des détails. Je cherche des améliorations, et ici nous pouvons estimer que notre exposition de travaux à l'aiguille prouve que, généralement, l'*utilité* est la grande préoccupation de nos institutrices publiques.

J'ajouterai pourtant volontiers un mot relatif « aux TRAVAUX MANUELS en général. Nous avons vu que dans les « écoles enfantines » on exerce les enfants à de petits travaux ; on veut leur faire acquérir une certaine habileté de main et la sûreté du coup d'œil. Mais quand ils ont quitté les « Jardins d'enfants » que deviennent ces qualités ?

« On s'est demandé pourquoi les garçons ne seraient pas traités comme les filles ; pourquoi eux aussi ne recevraient pas dans l'école les premières leçons des travaux manuels En ont-ils moins besoin que les filles ? Leur est-il moins nécessaire de se préparer, de s'aguerrir de bonne heure à ces rudes occupations qui seront celles de toute leur vie ? Et ne leur rendrait-on pas un service au moins aussi grand qu'à leurs sœurs en leur apprenant, dès l'école, la première pratique des procédés par lesquels l'homme se rend maître de la matière, et le premier maniement des outils généraux ? Il y aurait tout profit à le faire ; on les acheminerait par là vers un apprentissage plus rapide et plus fructueux ; on satisferait mieux que par n'importe quel cours de gymnastique, leurs besoins de mouvement et d'exercices physiques si méconnus par les programmes actuels ; enfin et surtout on éviterait le plus grave des inconvénients de l'instruction populaire, qui est de préparer si peu les enfants d'ouvriers à la vie d'ouvrier » (*Dictionnaire de pédagogie, article* APPRENTISSAGE SCOLAIRE).

C'est là, nous le reconnaissons, une question fort grave et qui soulève un grand nombre d'objections ; pourtant des essais qui paraissent heureux ont été tentés en Danemarck, en Autriche, à Paris même, et voici l'exemple que nous fournit, à l'Exposition, la Finlande, à propos de laquelle le *Manuel Général* s'exprime ainsi : « L'instruction est généralement répandue dans la Finlande, si bien que la loi a pu se reposer sur les familles quant à ce qui concerne les premiers éléments. Pour entrer dans les écoles communales, à la campagne, l'enfant doit avoir dix ans accomplis, sans avoir toutefois dépassé la douzième année, être à même de lire couramment dans un livre et posséder quelques connaissances religieuses. A l'enseignement des matières ordinaires du programme de l'instruction primaire, on ajoute, dans les écoles finlandaises, comme *matière obligatoire*, les ouvrages manuels pour les enfants des deux sexes. En effet, l'Exposition nous présente, outre des travaux de couture, etc., exécutés par les petites filles, différents ouvrages, la plupart fort simples, en bois façonné et tourné, outils, ustensiles de ménage, etc., exécutés par les garçons. Dans le séminaire d'instituteurs et d'institutrices de Jyvaskyla, les futurs instituteurs et institutrices sont exercés à l'apprentissage de ces travaux. »

Faut-il que nos écoles primaires deviennent des succursales des écoles d'Angers, d'Aix ou de Châlons ? Un atelier sera-t-il l'annexe inévitable de la salle de classe ? Je ne le crois pas, mais il y a là, il faut le reconnaître, une idée, et idée déjà appliquée, qui mérite réflexion et qui est peut-être le germe d'une sérieuse amélioration.

Un moyen bien naturel d'occuper les garçons aux travaux manuels se trouve, à la campagne, où ils peuvent être initiés aux travaux de jardinage dans le jardin de l'école : ceci nous conduit à dire quelques mots de l'enseignement agricole et horticole.

AGRICULTURE. — HORTICULTURE. — On chercherait en vain, je crois, dans le volumineux rapport sur l'instruction primaire à l'exposition de Philadelphie, quelque chose qui ait trait à l'enseignement agricole ; rien, même dans les plans d'études des écoles rurales. A l'Exposition de 1878, — ai-je mal cherché ? — je ne vois rien non plus, dans les pays étrangers, qui me mette à même d'apprécier cet enseignement, j'entends dans nos écoles primaires. Même dans les programmes des écoles normales ou dans les cahiers de leurs élèves, je ne trouve rien qui m'indique la voie. Parmi ceux des écoles normales suisses, je vois bien l'un d'eux portant en titre : *Sciences naturelles*, mais rien de spécial à l'enseignement agricole.

Je parcours la liste des livres classiques du Canada, rien, dans les cours d'études, rien. Faut-il donc répéter ce qu'écrivait M. Buisson dans son rapport sur l'Exposition de Vienne en 1873 : « L'enseignement agricole élémentaire à l'usage des écoles primaires, celui qui s'adresse soit aux enfants, soit aux adultes des campagnes, n'a encore presque partout, faute d'organisation, qu'un rôle restreint et accessoire. »

Dans les conférences pédagogiques de la Sorbonne, en 1867, une large place avait été faite à l'enseignement agricole ; l'une d'elles est de M. Gandon, une autre de M. Josseau, une troisième de M. Heuzé, une quatrième de M. Bella, plus cinq conférences sur l'arboriculture fruitière de M. Forney. Le sujet était-il épuisé? A-t-on relégué à un plan inférieur un enseignement qui préoccupait tant alors les Conférenciers et les Commissions? Je ne sais, mais il semble qu'après s'être engoué de cette partie, on la néglige un peu. Pourtant en juillet 1875 était promulguée une loi sur l'enseignement élémentaire pratique de l'agriculture. Il ne peut se faire qu'on en soit arrivé à croire que les élèves des campagnes, — et ils forment la grande majorité, — n'aient point besoin de leçons qui les initient aux connaissances sérieuses que doit posséder tout bon cultivateur. Chaque jour la chimie agricole fait des progrès, trouve des engrais ; des machines nouvelles sont préconisées, des plantes industrielles sont introduites dans notre culture, des fourrages nouveaux sont expérimentés, etc. et l'on négligerait de mettre les futurs cultivateurs sur la voie des améliorations possibles? Sans doute, il y a des Instituts agricoles, des écoles spéciales ; mais elles ne s'ouvrent qu'au petit nombre, et d'ailleurs, il n'est pas inutile de préparer à cet enseignement élevé. Quand j'admire, à l'Exposition, ces machines qui rendent de si nombreux services à l'agriculture, je me sens pris du vif regret de savoir que nos bons élèves des écoles primaires rurales s'extasieraient comme moi devant elles, mais n'auraient pas la moindre idée de leur fonctionnement, de leur emploi, de leur utilité.

Je sais qu'à cela, pour ce qui est de notre région, on dira que l'agriculture est si bien comprise, si bien entendue, qu'elle fait rapporter au sol tout ce qu'il est possible d'en tirer. Qu'en sait-on? Et d'ailleurs n'est-il arrivé à personne de voir un champ mal cultivé, des récoltes manquées, des essais inintelligents ou faits au hasard? Pourquoi la routine, que nous bannissons de nos écoles, règnerait-elle sur ce qui est une des sources les plus sûres de la richesse nationale?

Une objection plus sérieuse, c'est que beaucoup de nos instituteurs ne sont pas à même de donner cet enseignement. Je le reconnais, mais on n'abandonne pas un travail reconnu nécessaire parce que l'outil est mauvais ; on améliore cet outil ou on le change. Plaçons l'agriculture parmi les matières obligatoires, et nos futurs brévetés seront mieux préparés aux leçons que nous leur demanderons.

DESSIN. — L'enseignement du dessin, surtout à main levée, me paraît devoir être aussi classé parmi les matières obligatoires. Il faut du dessin pour les leçons de choses, pour la géographie, pour les notions d'arpentage, etc., on fait du dessin à la salle d'asile, et l'on n'en fait plus à l'école primaire.

Un des articles de la loi sur l'instruction publique,—province de Québec, — porte : « *En autant que possible* le dessin doit être enseigné dans toutes les écoles qui sont tenues en conformité aux lois scolaires. » Dans toutes les écoles des Etats-Unis, à commencer par les Jardins d'enfants, on enseigne le dessin. « L'enseignement du dessin est obligatoire, même pour l'école primaire, dans une grande partie de l'Europe. »

La Suisse expose des dessins élémentaires à la main, des dessins linéaires. L'Autriche expose une méthode de dessins primaires, collection de modèles à gros traits, représentant pour la plupart des objets usuels réduits à leurs lignes les plus simples et destinés à l'enseignement en commun. L'exposition parisienne offre des modèles en relief qui permettent d'appliquer intelligemment les traits d'ombre. La Norwége a aussi des dessins très-simples à traits largement exécutés et se prêtant aux leçons collectives.

Du reste, sans continuer notre énumération, disons que cette partie est grandement représentée; mais ici, comme dans bon nombre de cahiers envoyés par nos départements, on a eu surtout pour but de flatter les yeux, et l'on semble s'être peu préoccupé d'indiquer la marche à suivre pour arriver à des résultats utiles. Ces dessins, qui ne sont, pour la plupart, que des copies plus ou moins réussies, annoncent une grande patience de la part des élèves, mais ne suggèrent guère l'éloge de la méthode. Il y a du reste une certaine confusion qui arrête les études que veut faire le visiteur. « Dans chaque ressort académique, écoles et choses sont complétement mêlées : les lycées avec les écoles primaires, le dessin géométrique avec le dessin d'ornement et le dessin de figure. » (*Education*). Terminons nos appréciations sur cette partie de notre enseignement en demandant que nos écoles acceptent la marche que M. Buisson a vu suivre dans les établissements américains : « Commencer le dessin dès que l'enfant entre en classe par des exercices sur l'ardoise et au tableau noir, à l'aide de quadrillages ou mieux de points placés régulièrement de façon à laisser faire la ligne aux enfants. — Aller graduellement de la ligne droite aux figures élémentaires de géométrie, de celles-ci aux combinaisons plus compliquées, et de là au dessin industriel et d'ornement. — Exercer surtout l'œil par des exercices élémentaires de perspective, par l'appréciation des distances d'après la vue, par l'observation et la comparaison des formes. — Proscrire le dessin de pur agrément et de hasard, qui fausse le goût. — Organiser pour les élèves-maîtres des cours méthodiques de dessin appropriés à leurs futurs besoins professionnels. »

Musique. Chant. — Le chant est obligatoire à tous les degrés de l'école primaire dans un grand nombre de villes des Etats-Unis; les écoles rurales tendent aussi à l'admettre comme partie essentielle. « L'Autriche, l'Allemagne, la Suède, la Suisse et même l'Angleterre mettent le chant à la portée de tous. » Nous n'en sommes pas encore là, et le chant joue un rôle bien effacé dans nos programmes, si tant est qu'on en fasse mention. C'est là encore une amélioration à emprunter aux peuples étrangers. Je me contente d'indiquer avec M. Buisson, qu'on aime tant à prendre pour guide, la marche qu'il serait bon de suivre :

« Encourager l'étude du chant dans les écoles primaires et faire que les entrées et les sorties générales soient accompagnées de petits chants bien rhythmés. Instituer dans certaines circonstances de petites solennités scolaires réunissant tous les élèves et donnant lieu à l'exécution de chants en commun. — Proposer aux conseils municipaux ou aux caisses des écoles de donner, à titre d'encouragement, un petit orgue ou harmonium scolaire aux écoles qui se distingueront par l'enseignement du chant. »

Notions des sciences physiques et naturelles. — Il me resterait pour parcourir le cadre des matières qui me semblent devoir un jour entrer dans nos programmes obligatoires, à parler des sciences physiques et naturelles, sciences pour l'enseignement desquelles l'exposition a des collections d'objets si curieuses, si intelligemment comprises, si intéressantes à des points de vue divers, sciences dont la nécessité me paraît implicitement reconnue et que proclame déjà notre magnifique exposition de musées scolaires. Comment, en effet, donner aux élèves des idées assez justes sur les objets que ces musées renferment, si l'instituteur n'a aucune connaissance en physique, en mécanique, en histoire naturelle, etc? Je sais bien l'objection qui sera faite : « En étendant trop votre enseignement, vous perdez en profondeur ce que vous gagnez en surface. » Et l'on répétera : « Enseignez *peu*, mais *bien*. » Oui; mais l'on veut aussi que l'école soit l'apprentissage de la vie; on veut des ouvriers instruits, habiles; on veut le progrès de l'agriculture, de l'industrie : comment y arriver si les hommes qu'on y emploie ne sont que des machines inintelligentes? — Selon moi, il faut étendre le cadre, mais ne le remplir que de choses essentielles; en supprimer tout ce qui n'est pas d'une nécessité parfaitement reconnue, et pour cela avoir des programmes bien définis, bien arrêtés, disant à l'instituteur : « Tu n'iras pas plus loin ; mais tous tes efforts tendront à aller jusque là. » D'ailleurs voici ce que répondent l'Allemagne, la Belgique, la Suisse, les Etats-Unis, etc., où s'enseignent, même avec les leçons de choses, ces sciences dont l'introduction dans nos modestes écoles nous paraît impossible : « Bien loin de retarder les progrès dans les autres branches d'études ; les sciences élémentaires leur prêtent un concours inattendu. »

Il y a, sur cette question, tout un chapitre, dû à M. Valons, dans le Rapport sur l'exposition de Philadelphie, et un autre de M. Buisson, dans le Rapport sur l'exposition de Vienne, et je résiste au désir de les résumer ; mais ils me confirment dans la pensée qu'il ne faut pas s'effrayer des mots physique, chimie, histoire naturelle, etc., ni croire qu'il faille une science approfondie pour introduire dans nos écoles des éléments qui y sont déjà par le fait, quand le maître sait expliquer et faire comprendre les mots et les phrases du livre de lecture.

Du reste, si l'on veut être sur la voie de cette manière d'envisager les choses, qu'on lise l'intéressante conférence de M. Maurice Girard, et je doute que, toute réflexion faite, on ne soit pas tout à fait convaincu de la nécessité de cette extension de nos programmes.

Gymnastique.— Vis-à-vis des écoles-modèles de M. S. Ferrand, est installé, par les soins de M. Guimard, de Lyon, un gymnase en fer « combiné pour l'enseignement des enfants et gradué selon les âges. » M. Ferrand trouve que « ce système réunit tout ce que doit comporter l'enseignement rationnel de la gymnastique, appliqué aux écoles communales. » Les détails qu'on a bien voulu nous donner sur place me laissent croire que ce système répond à cette appréciation ; mais nos municipalités ne trouveraient pas qu'il mérite l'épithète d'*économique* que lui accorde l'auteur. Le petit modèle est coté 450 fr. ; un peu plus étendu, 550 fr. ; le « petit gymnase pédagogique » 1,000 fr. et le grand, 2,500 fr. Le devis estimatif fourni en France par le Ministère, ne porte qu'à 232 fr. le matériel d'une école primaire de commune rurale, et à 310 fr. celui d'une école de chef-lieu ; et, malgré cette modicité de prix, nous comptons bien peu de gymnases. Ici encore, nous nous sommes laissé distancer par des peuples qui semblent avoir mieux compris que nous la part que l'école doit prendre à l'éducation physique des enfants, et, principalement en Amérique, garçons et *filles* ont, obligatoirement, des exercices gymnastiques et callisthéniques dont nous sommes encore à admettre l'importance, ajoutons même, dont nous n'avons qu'une vague idée, surtout de ces derniers qui sont « des exercices analogues à ceux de notre gymnastique de mouvement, mais accompagnés de musique, quelquefois de chant, et entremêlés de jeux qui appartiennent presque autant à l'école de danse qu'au gymnase. » (Rauber.) Peut-être nos mœurs françaises répugneraient-elles à accepter les exercices callisthéniques; mais nos programmes peuvent différer des programmes américains et ne comprendre que ce que réclament l'hygiène et le développement physique de nos élèves.

Selon nous, on ne saurait commencer trop tôt les exercices gymnastiques et nous croyons qu'il est bon de les introduire même dans les salles d'asile dont les directrices devraient se bien pénétrer de leur importance au point de vue de la discipline, de l'hygiène, de la santé, du développement physique des enfants.

ÉDUCATION MORALE.— On l'a facilement remarqué « l'instruction morale et religieuse ne comporte pas, par sa nature même, une exposition d'objets qui tombent sous les sens » Pourtant il est facile par l'inspection des devoirs d'élèves, et des mémoires de maîtres, de juger quelle importance est accordée à l'éducation morale, aux idées religieuses dans l'enseignement. Nous pourrions citer une des meilleures écoles du département du Nord, où l'enseignement religieux est l'objet des préoccupations constantes du maître. Au contraire, aux États-Unis « la religion n'ayant pas accès dans l'école publique, » ces leçons sont laissées exclusivement aux ministres du culte et aux familles. Qu'arrive-t-il ? C'est que, ainsi que le fait remarquer un journal pédagogique français, « le nom de Dieu ou de Religion n'apparait nulle part. » La Suisse, la Belgique, la Suède, la Norwége, l'Autriche et la France accordent au côté éducatif une place assez large. Il semble même que les devoirs d'élèves où respirent les sentiments religieux et moraux soient plus fréquents chez les peuples que nous venons de citer que chez nous : les devoirs des enfants envers Dieu, envers leurs pays, leurs familles, leurs maîtres, sont plus souvent rappelés, même dans les cours d'études, où, sous le nom de BIENSÉANCES, ils figurent comme matière d'enseignement. Je copie dans l'un d'eux :

1re ANNÉE : *Respect dû aux parents, aux maîtres et aux supérieurs en général ; manière de leur obéir et de prévenir leurs désirs. — Propreté.*

2e ANNÉE : *Bienveillance et politesse envers le prochain. — Véracité. — Propreté. — Exemples ; incidents, anecdotes.*

3e ANNÉE : *Sentiments de justice, d'impartialité, de générosité, de grandeur d'âme. — Le tout à l'aide d'exemples saillants, empruntés à l'histoire, etc. (Écoles de Montréal.)*

On a publié en France, pour nos écoles primaires, de petits traités de morale, entre autres : *La morale pour tous*, par Franck; — *Le petit livre de l'homme et du citoyen*, par X. Rousselot. — *Cours élémentaire et pratique de morale*, par Bonne ; — *Leçons pratiques de civilité et de morale*, par de La Bonnefon ; — *Petits éléments de morale*, par P. Janet ; etc. J'avoue que je ne les ai guère rencontrés dans nos écoles. C'est que la morale ne s'y enseigne pas dogmatiquement ; mais bien aussi par des exemples, des anecdotes, des faits empruntés à l'histoire ; etc ; lectures, dictées, sujets de style, leçons de choses, même modèles d'écriture se prêtent à cet enseignement, et, comme je le disais au début, l'éducation et l'instruction se mêlent si bien, qu'il est parfois assez difficile de les séparer pour les considérer isolément.

Caisse d'épargne scolaire. — Il semble qu'il n'y ait guère de lien entre l'éducation et les caisses d'épargne scolaires ; pourtant, pour peu qu'on y réfléchisse, elles enseignent l'épargne, l'économie, l'ordre, la prévoyance. Elles ont été si bien comprises par nos instituteurs que, dans ce département du moins, il n'est guère d'écoles où l'essai ne soit pas fait, et déjà l'on y a répondu au désir de M. le Ministre, disant le 28 Août, aux nombreux instituteurs qui l'entouraient : « Songez à nos caisses d'épargne scolaires ! Elles répondent à un but admirable. Si la France est forte, si la France est grande, si la France s'est relevée avec cette énergie, c'est grâce à l'amour de l'épargne. Je ne saurais donc assez vous demander d'inspirer aux enfants cette habitude. L'ordre et l'épargne dans l'école, Messieurs, amèneront l'ordre et l'épargne dans la famille. Nos caisses d'épargne scolaires sont une institution qui ne saurait trop attirer vos sympathies. »

Ici, du moins, personne croyons-nous, ne nous a distancés.

3. *Méthodes*.

Nous n'avons pu parler de chacune des matières de l'enseignement sans toucher aux méthodes et aux procédés employés ; aussi nous contenterons-nous de n'envisager, et rapidement, la méthode qu'au point de vue général. Nous n'avons pas, du reste, entrepris une œuvre de longue haleine ; ce n'est pas un traité que nous voulons faire : à quoi bon ? — C'est un résumé succinct de nos observations et de nos lectures, écrit à ce point de vue exclusif des améliorations promptement réalisables. Il nous paraît inutile d'entrer dans le détail des procédés, travail bon pour une ou plusieurs conférences avec les instituteurs, mais qui serait déplacé ici.

Reconnaissons qu'il y aurait tout une œuvre à faire, ce serait de relever, dans les programmes, dans les livres d'études, dans les règlements, dans les publications, dans les mémoires, tout ce qui a trait à la méthode ; mais cela dépasserait de beaucoup la portée de ce rapport, et bien plus encore la portée de la compétence de l'auteur.

On a accordé beaucoup à la partie matérielle des écoles : locaux, mobiliers, appareils, tableaux, livres, tout s'est amélioré ou a été l'objet des études d'hommes compétents qui ont proposé de sérieuses améliorations. Pourtant, est-ce bien là la partie réellement importante ? Est-ce parce que nous aurons des écoles spacieuses, bien éclairées et aérées, des mobiliers établis selon toutes les prescriptions hygiéniques, que les maîtres seront capables et les élèves instruits et bien préparés aux différentes carrières ? Sans doute, tout cela viendra en aide ; mais la chose vraiment capitale, celle qui *s'expose* d'une manière moins brillante ; celle qu'il faut chercher dans les cahiers des élèves, dans les mémoires des maîtres, la méthode, en un mot, malgré les nombreuses publications pédagogiques, malgré les conseils venus de toutes parts, laisse encore généralement à désirer. Je n'en veux pour preuve que les substantielles et éloquentes conférences faites sur les principales parties de notre enseignement : MM. Buisson, Levasseur, Brouard, Berger, Michel Bréal auraient-ils eu tant à dire sur les leçons de choses, sur l'enseignement de la géographie, de l'histoire, de la langue maternelle, si une méthode rationnelle était généralement appliquée ; si nos maîtres, au lieu d'obéir à une routine qui semble se rire de nos efforts pour la combattre, ne s'étaient pas contentés d'acquérir des connaissances pour eux-mêmes, mais avaient consciencieusement étudié les moyens de les transmettre ?

Après mes visites à l'Exposition, après la recherche de la marche des écoles et des procédés employés, je demeure convaincu que nos écoles normales ne font pas assez pour la pédagogie, pour l'étude des méthodes, et que les examens du brevet ont le tort de ne pas comprendre la science qui semblerait devoir occuper le premier rang lorsqu'il s'agit de former des instituteurs, ou de s'assurer que les jeunes gens sont à la hauteur des fonctions qu'ils veulent embrasser.

Les écoles américaines et allemandes s'inspirent de la MÉTHODE INTUITIVE : beaucoup de nos instituteurs ignorent même la valeur de ce mot. Qu'ils écoutent M. Buisson et ils sauront qu'on veut par là : « exercer avant tout les *sens* de l'enfant, pour les rendre plus forts, plus souples, plus justes, plus délicats ; — exercer ensuite son *jugement*, en le guidant, sans lui imposer des idées toutes faites, en lui faisant peu apprendre et beaucoup trouver ; — exercer sa *volonté*, soit comme attention, soit comme force de caractère ;

et lui donner donner les occasions de se former, et au besoin de se réformer elle-même, — exercer enfin son *sens moral* en lui faisant tirer de sa propre expérience les notions du devoir, et même l'idée religieuse. »

A nos portes, en Belgique, si j'en crois les inscriptions que j'ai lues dans la salle où s'exposent les envois de la Ligue d'enseignement, les questions pédagogiques, qui alimentent du reste les conférences cantonales, obligatoires et trimestrielles, sont l'objet d'études bien plus sérieuses et bien mieux suivies que chez nous. Je copie quelques-uns de ces aphorismes :

« La mission principale de l'enseignement primaire n'est pas d'enseigner une matière en vue de son utilité pratique, mais bien de soumettre l'élève à une gymnastique intellectuelle constante.

» L'objet de l'enseignement primaire est de cultiver les facultés intellectuelles, morales et physiques de l'enfant.

» On cultive les FACULTÉS INTELLECTUELLES : 1° En les développant dans l'ordre de leur évolution naturelle ; — 2° en fournissant des notions premières exactes ; — 3° en favorisant l'observation directe ; — 4° en provoquant la réflexion personnelle.

» On cultive les FACULTÉS MORALES : 1° En inspirant des goûts élevés ; — 2° en maintenant une discipline rationnelle ; — 3° en provoquant l'horreur du mensonge ; — 4° en développant le sentiment de la justice.

» On cultive les FACULTÉS PHYSIQUES : 1° En plaçant l'enfant dans un milieu gai et sain ; — 2° en développant ses forces par une gymnastique graduée ; — 3° en le rendant habile aux travaux manuels. = L'élève doit voir, palper, mesurer, peser, opérer, dessiner, manier des instruments, participer constamment d'une façon active à l'enseignement. »

Il y a là, semble-t-il, pour nos maîtres, plus d'un sujet de réflexion, et un certain nombre pourraient se demander si c'est bien ainsi qu'ils ont compris leur mission.

III. — LES MAITRES.

1. *Conférences des titulaires avec leurs adjoints. — Conférences des Instituteurs. — Travaux à leur demander.*

CONFÉRENCES DES TITULAIRES AVEC LEURS ADJOINTS — Il se fait à Paris, suivant ce que j'ai vu à l'Exposition de la ville, entre les directeurs de chaque école et leurs adjoints, des conférences qui se traduisent par des travaux écrits sur les questions discutées, travaux soumis aux appréciations et aux annotations des Inspecteurs primaires. Ces conférences particulières doivent, selon moi, être d'un excellent effet ; elles excitent l'émulation entre les titulaires, tiennent en haleine les maîtres-adjoints, les obligent à se bien rendre compte de ce qu'ils font, de ce qu'on leur demande ; les forcent à réfléchir sur la valeur de telle méthode ou de tel procédé ; les habituent à parler en public, et, finalement les mettent et les retiennent dans une bonne voie. M. Jost dit que « dans ces réunions on s'occupe de questions d'ordre général et de direction commune, des difficultés particulières à quelques points de discipline et d'enseignement. Tout le monde, dit M. Gréard, gagne à ces rapprochements, lorque chacun y apporte le sincère désir du bien »

Il y a peut-être là encore un exemple dont nous devrions profiter.

Conférences des Instituteurs. — M. Jost a traité, dans une conférence de la Sorbonne, cette question des conférences pédagogiques ; nous y reviendrons. M. le Ministre a dit aux Instituteurs le 28 août : « Je veux vous recommander les *Conférences pédagogiques cantonales*. On n'est un instituteur qu'à une condition, c'est d'apprendre soi-même toujours ; on n'enseigne les enfants qu'en étudiant chaque jour les progrès de l'art d'enseigner. Les conférences pédagogiques, qui vont s'organiser (1) par canton, auront les plus utiles avantages : elles vous solidariseront, elles vous rapprocheront, et, sous la direction de votre inspecteur primaire, elles vous permettront de connaître soit les nouvelles méthodes, soit les

---

(1) Par une circulaire du 20 Octobre, M. le Ministre appelle l'attention des Recteurs sur cette importante question. Il recommande les principes suivants :

« 1° L'objet des conférences doit conserver le caractère qui lui a été assigné dans l'art. 1 du règlement du 10 Février 1837 (Les instituteurs confèrent entre eux sur les diverses matières de leur enseignement, sur les méthodes et procédés qu'ils emploient, sur les principes qui doivent diriger l'éducation des enfants et la conduite des maîtres).

« 2° La présidence en sera exclusivement confiée soit à l'Inspecteur primaire, soit à l'Inspecteur d'académie.

« 3° Les sujets à traiter, les questions à résoudre dans chaque conférence, seront choisis par l'Inspecteur d'académie sur la proportion de l'Inspecteur primaire ; ils seront fixés assez longtemps à l'avance pour que les Instituteurs puissent en préparer la solution. »

Il demande, pour la partie purement matérielle de l'organisation, que chaque Recteur lui soumette un projet de réglementation.

progrès matériels scolaires qui se sont accomplis autour de vous et que vous avez pu, vous même déjà apprécier à l'Exposition. Je vous recommande donc, dès que nous aurons pu organiser partout les conférences pédagogiques cantonales, d'y apporter autant d'assiduité que possible. »

M. le Ministre s'occupe donc de *l'organisation* des conférences entre Instituteurs Ce n'est pas, on le sait, une question nouvelle, et, en 1837, le Conseil d'État motivait ainsi le règlement des conférences cantonales : « Considérant que les conférences entre Instituteurs ont été reconnues favorables aux progrès et à l'amélioration de l'instruction primaire; que leurs utiles résultats ont été constatés par les rapports des Inspecteurs spéciaux et que plusieurs conseils généraux des départements ont voté des fonds pour indemniser les Instituteurs qui se rendent à ces conférences; qu'il convient d'encourager de pareilles réunions, etc. »

Dans bien des États fonctionnent très-régulièrement et depuis longtemps ces conférences qui, chez nous, après avoir eu une certaine valeur, sous la direction d'instituteurs mêmes, choisis comme présidents par leurs collègues, ont vite dégénéré. Elles ont fait place, dans quelques départements aux réunions présidées par les Inspecteurs primaires. Elles ont été trop souvent laissées à l'initiative, au zèle et à la direction de ces derniers qui, absorbés par d'autres travaux, n'ont pas toujours pu s'en occuper d'une manière efficace, avantageuse.

L'organisation des conférences belges qui s'appuient sur des lois et des décrets, est ce qui m'a paru de plus complet; aussi n'ai-je pas hésité à copier les statuts qui figurent à l'Exposition, et où nous pourrions puiser d'excellentes idées pour notre organisation à venir.

ORGANISATION DES CONFÉRENCES (*Belgique*)

Tous les ans, au moins une fois par trimestre, tous les instituteurs des écoles publiques communales ou adoptées, sont réunis en conférences par l'Inspecteur cantonal civil de leur ressort. (Loi du 22 Septembre 1842).

Ces réunions sont pour eux obligatoires, sauf dispense pour cause légitime. — Les Instituteurs des écoles primaires libres peuvent y être admis, si l'Inspecteur le juge convenable.

Chaque cercle de conférences comprend au moins un canton de Justice-de-Paix. — Les circonscriptions sont arrêtées pour un terme de trois ans par le Ministre de l'Intérieur; le siége de la réunion est fixé annuellement par l'Inspecteur provincial.

Les conférences ont pour objet tout ce qui peut concerner les progrès de l'enseignement primaire. Elles comprennent notamment :

1° L'examen et l'application des méthodes d'enseignement;

2° L'appréciation des livres et des instruments employés dans les écoles ;

3° L'étude théorique et pratique des différentes branches qui font partie de l'éducation des enfants et l'instruction primaire.

Les travaux des conférences se composent de lectures, de développements oraux, d'exercices de rédaction et d'exercices pratiques de pédagogie.

Des exercices théoriques et pratiques sur l'agriculture, l'horticulture et l'arboriculture peuvent être ajoutés aux programmes, ainsi que des notions d'histoire naturelle appliquées à l'agriculture.

Les conférences d'instituteurs ont lieu en janvier, dans la quinzaine qui suit le jour de Pâques, en juillet et en octobre.

Le maximum de leur durée est de cinq jours. Celle de janvier ne dure qu'un seul jour. Toutefois si des exercices d'agriculture, d'horticulture, etc. sont ajoutés au programme, la durée maximum de chaque conférence est augmentée de deux jours.

Les séances ont lieu dans une salle d'école. La commune ne peut s'opposer à ce que l'inspecteur dispose, pour les exercices pédagogiques, du local et du matériel de l'école, ainsi que des élèves qui la fréquentent.

Les instituteurs sont convoqués par l'inspecteur cantonal civil. L'inspecteur ecclésiastique pour le culte professé par la majorité des instituteurs convoqués est informé de la réunion.

Les conférences sont présidées par l'inspecteur provincial ou par l'inspecteur cantonal.

L'inspecteur ecclésiastique présent dirige les travaux qui ont pour objet l'enseignement de la religion et de la morale. Les instituteurs qui n'appartiennent pas au culte professé par la majorité, sont dispensés d'assister à cette partie de la conférence.

Chaque instituteur rédige à domicile un compte-rendu des travaux de la dernière conférence à laquelle il a assisté. La rédaction jugée la meilleure est adoptée pour servir de procès-verbal et est inscrite dans un registre à ce destiné, accompagnée du nom de son auteur.

Un programme arrêté à la fin de chaque conférence règle l'ordre du jour de la réunion suivante, afin que les instituteurs puissent s'y préparer dans l'intervalle.

Une BIBLIOTHÈQUE composée d'ouvrages relatifs à l'enseignement primaire est formée dans chaque cercle de conférences.

Il y est également formé un petit MUSÉE d'instruments et d'appareils destinés à initier les instituteurs aux principaux phénomènes de la nature.

Les dépenses résultant des conférences d'instituteurs sont à la charge des provinces. Les bibliothèques sont formées au moyen de dons et subsides du gouvernement.

Des indemnités, à titre de jetons de présence, sont accordées aux instituteurs et aux sous-instituteurs qui assistent aux conférences. Des encouragements sont accordés par le gouvernement à ceux d'entre eux qui se distinguent dans l'accomplissement de leurs devoirs. Ces encouragements consistent en gratifications, récompenses en livres ou mentions honorables.

Les CONFÉRENCES D'INSTITUTRICES sont organisées d'après les mêmes bases que celles des instituteurs (sauf en ce qui concerne les exercices agricoles, horticoles, etc.,) mais elle n'ont lieu que deux fois par an, pendant la belle saison, et la durée de chacune d'elles n'est que de quatre heures.

Tout, semble-t-il, a été prévu dans cette organisation des conférences, et il nous reste à former le vœu que des dispositions semblables soient admises et réglementées par le Ministère.

TRAVAUX A DEMANDER AUX MAÎTRES.— Par ces travaux j'entends surtout des travaux pédagogiques. L'Exposition a une foule de mémoires fournis par les instituteurs; mais là chacun n'a suivi que sa propre impulsion ; rien d'imposé, rien d'obligatoire. Il y aurait peut-être à tirer de ces envois un résumé qui serait probablement instructif et très-intéressant ; mais qui voudra se charger d'une besogne longue, pénible et qui exige de la part de celui qui l'entreprendrait, des connaissances très-variées et des idées bien nettes de pédagogie ? (1)

Les travaux à demander aux titulaires et aux adjoints me semblent être la conséquence de l'établissement régulier soit de conférences comme à Paris entre les directeurs et leurs collaborateurs, soit des conférences cantonales sur le modèle des conférences belges. Chaque année, l'Inspecteur d'académie fixerait les questions à traiter, les réponses seraient adressées, un mois avant chaque conférence, à l'inspecteur primaire qui, sur le vu de ces rapports, désignerait les maîtres qui auraient à prendre la parole.

Peut-être s'effrayera-t-on de cette besogne nouvelle imposée à tout un corps de qui on exige déjà tant. Mais qu'on n'oublie pas qu'il faut que nous rabattions beaucoup de notre prétention à faire mieux que nos voisins ; que s'ils travaillent plus que nous, ils obtiendront davantage ; et que déjà nous pouvons nous convaincre qu'à l'étranger on accorde une grande importance à toutes les questions scolaires ; qu'on fait de grands efforts pour trouver une bonne voie. « A cette heure, comme le dit le Rapport de M. Ch. Boysset, où l'enseignement primaire, ses méthodes, ses procédés, ses programmes, la nécessité de son extension et de son essor constituent l'une des plus vives et des plus constantes préoccupations nationales », il faut que chacun de nous sente l'obligation de redoubler d'efforts.

(1) Notre vœu se réalisera : ce travail se fait. M. le Ministre vient de constituer, sous sa présidence, une commission chargée d'examiner les travaux de l'exposition scolaire.

2. *Bibliothèques pédagogiques. — Musées cantonaux.*

« Nous essayerons, disait récemment M. le Ministre, de créer des BIBLIOTHÈQUES PÉDAGOGIQUES qui n'existent presque pas encore ; nous ferons en sorte que vous ayez aussi près de vous des MUSÉES CANTONAUX permanents. »

Ce qui n'est pour nous qu'à l'état de promesse et de projet est réalisé, nous l'avons vu, en Belgique.

Nous n'avons pas à insister sur l'utilité, la nécessité, dirons-nous, d'une collection, au chef-lieu de canton ou d'arrondissement, de livres exclusivement destinés aux maîtres : la faiblesse des connaissances pédagogiques d'un assez bon nombre justifierait à elle seule cette création.

Quant aux MUSÉES CANTONAUX, ils me paraissent l'annexe nécessaire de la bibliothèque pédagogique, comme le petit musée local est la dépendance désirable de la bibliothèque scolaire : les premiers seraient comme les types des seconds.

Un instituteur, qui s'est occupé de cette question dans le *Journal des Instituteurs*, trouve que le musée cantonal pourrait comprendre « des objets se rattachant à l'agriculture pratique, à l'industrie du canton, de l'arrondissement, du département ; — des gravures, des modèles réduits, des instruments utilisés dans la contrée ; — des collections de graines, minéraux, engrais, etc. ; — des objets fabriqués, des modèles de constructions rurales. Dans sa section géographique, on y verrait des cartes des régions agricoles de la France, du département, de l'arrondissement, du canton, des différentes communes ; — des vues des principaux monuments et les plans des constructions agricoles et industrielles les plus remarquables de la région. Dans la section scientifique on trouverait des spécimens des différents sols, sous-sols, terrains du canton ; — des collections d'oiseaux, d'animaux, d'insectes utiles ou nuisibles, avec l'indication de leurs mœurs, de leurs avantages, de leurs dangers ; des herbiers contenant toutes les plantes utilisées dans la contrée, avec l'indication de leurs procédés de culture, de leurs usages, etc. »

C'est peut-être beaucoup embrasser et sortir du titre de *pédagogique* que nous voudrions surtout que l'on eût en vue ; mais il y a là des indications dont on peut tirer profit.

Quoi qu'il en soit, il me semble qu'à l'avenir tout projet d'école de chef-lieu de canton devrait comprendre une pièce réservée à la bibliothèque pédagogique et une autre destinée au musée cantonal.

N'oublions pas que Tokio, ville du Japon, possède un musée pédagogique. Nous le rappelons afin qu'on voie que même ces contrées lointaines, que, dans notre ignorance, nous traiterions volontiers de barbares, ont déjà ce qui n'est pour nous qu'une espérance.

3. *Résumé des conférences de la Sorbonne.*

J'aime à croire que la plupart des instituteurs auront entre les mains, aussitôt qu'elles seront publiées, les Conférences de la Sorbonne. Mon intention n'est pas de reproduire les passages principaux, mais de donner un résumé, forcément sec et rapide, des conseils et des directions qu'elles contiennent. Il en est une surtout, la dernière, que bien des maîtres regretteront de n'avoir pas entendue, mais qu'ils liront et reliront pour se bien pénétrer des idées élevées et du haut enseignement qu'elle renferme.

Il est bien entendu que nous nous interdirons toute discussion. Nous nous contentons de mettre en italiques, les choses qui nous paraissent promptement réalisables, ou les conseils dont il est bon de tirer immédiatement parti.

M. LEVASSEUR : *Géographie.* — Le but de tout enseignement est double : enseigner un objet déterminé, — développer l'intelligence ; *faire apprendre et faire comprendre. Pas de nomenclature sèche ne s'adressant qu'à la mémoire ; pas de livres appris par cœur.* Explication de chaque chose, et autant que possible *la vue de la chose.* Un bon enseignement ne consiste pas à savoir beaucoup de mots, mais à bien savoir un certain nombre de choses. Apprendre peu et bien apprendre. *Bannir les définitions abstraites ;* ne point commencer par des définitions théoriques. *Etudier d'abord la* COMMUNE, *partant de la* SALLE DE CLASSE *dont il faut faire comprendre le plan au tableau noir*, passant à la rue de l'école aux rues voisines, à la place, à l'église, etc. *Expliquer la manière de s'orienter.* Profiter des accidents du territoire, de ce qui s'y trouve, pour donner l'idée des cours d'eau, affluents, confluents, lacs, îles, collines, etc., etc. Passer aux communes voisines, tracer les chemins qui les relient, *arriver ainsi graduellement à la lecture de la carte. Rattacher la commune au département*, mais brièvement, du moins avec les débutants ; *arriver vite à la* FRANCE *et droit à la* TERRE. Montrer le globe, et par comparaison avec la France, essayer de donner l'idée de l'étendue. *Aucun planisphère ne peut remplacer le globe terrestre.* Etudier la place, la forme et la grandeur relative des cinq parties du monde.

Etudier maintenant la France, surtout avec la carte murale, y ajouter constamment, à chaque leçon, le tracé par la main du maître sur le tableau noir, ou mieux sur le tableau-carte muette donnant les lignes du contour de la France. Se servir de crayons de couleur : bleu, pour les eaux, bistre, pour les montagnes, rouge pour les chemins de fer et les canaux, blanc pour les noms. Subordonner les détails de la géographie politique à la géographie physique, *étudier l'orographie, puis l'hydrographie* : les reliefs des terrains expliquent les pentes et les cours d'eau. Rattacher à la géographie physique la géographie agricole et la géographie économique. *A côté du tableau carte muette, la carte murale ou la carte en relief,* permettant à l'enfant de passer de l'un à l'autre, de rattacher le détail que donne la leçon du jour par le tracé maître, à l'ensemble du pays étudié. *Faire reproduire sur cartes muettes les parties étudiées à chaque leçon. Eviter de se perdre dans les détails. Jamais de leçons sans cartes.*

M. Berger : *Langue maternelle.* — Un bon enseignement de la langue maternelle doit être le fondement de notre éducation primaire : but, apprendre aux enfants à parler et à écrire ; *faire parler autant que possible l'enfant à l'école.* L'enseignement oral est le point de départ ; *commencer l'étude de la langue à l'arrivée de l'élève,* en se servant du livre de lecture ; donc, nécessité d'un bon choix de livres de lecture écrits à la portée des enfants et ne traitant d'abord que des choses qui leur sont familières. Causeries sur les lectures. *Amener peu à peu l'enfant à des rédactions courtes, simples, même d'une phrase au début.* Leçons de choses sur les objets afin d'augmenter son bagage de mots et de phrases. *Préférer les petites dictées aux copies.* Pour le cours élémentaire toute la science grammaticale doit consister dans *quelques règles très-courtes,* résumant une leçon faite au tableau noir : point de grammaire entre les mains des élèves de ce premier cours.

Dans le cours moyen, dictées courtes et bien choisies, facilement comprises. *Point de définitions abstraites,* point d'exercices répétés de conjugaison; point de fréquentes analyses grammaticales ou logiques. Mettre en œuvre l'intelligence par des exercices de lecture, par l'imitation de phrases données par le maître, par *des rédactions appropriées à la situation des élèves, par des résumés de lectures,* par la reproduction d'un morceau lu ou d'un récit que le maître a fait, par la transcription de mémoire d'un passage appris par cœur. Ne mettre le livre de grammaire entre les mains des élèves que quand ils ont franchi les premières difficultés de l'orthographe et de l'accord des mots. *Le livre constamment interprété par le maître; chaque règle déduite d'exemples écrits au tableau noir, exemples trouvés par l'élève qui prouve ainsi qu'il a compris la règle. Dégager la grammaire de toute définition inutile,* de toute particularité oiseuse ou subtile : la réduire aux faits incontestables de la langue.

Cours supérieur : Ici même, *grammaire aussi simple et aussi méthodique que possible*; exercices, mais à un degré plus élevé, semblables à ceux du cours précédent Etudier la construction des phrases lues; développer le goût de la lecture, y joindre l'intonation et le geste; lecture expressive donnant le goût de notre belle littérature. *Accoutumer les élèves à énoncer correctement et convenablement des idées raisonnables.* Ne pas oublier que l'art oratoire a sa place dans toutes les conditions de la vie publique.

M. M. Bréal. — Défauts de l'enseignement de la langue maternelle : on l'enseigne comme une langue morte; on suppose que l'enfant n'a jamais parlé; on accorde une importance excessive à certaines règles d'orthographe, — une trop grande place à l'analyse logique. *Il faut apprendre la grammaire par la langue et non la langue par la grammaire. La première leçon de langue française doit être intimement unie à la leçon de choses :* celle-ci s'appuyant sur ce que l'enfant sait pour le conduire à ce qu'il ne sait pas. *Une autre leçon se rattache à la lecture.* Nécessité d'inspirer à l'enfant le goût de la lecture. Pour les exercices écrits une source trop dédaignée ce sont les proverbes dont l'explication serait un excellent travail pour l'enfant. *Appeler son attention sur le sens des mots*; s'assurer qu'il comprend la valeur des mots abstraits. *Montrer l'origine des expressions métaphoriques, la dérivation, la composition des mots*, mais choisir pour cela des mots clairs, très-simples, facilement reconnaissables. *Rester net, précis, court*, mais *donner l'explication des règles toutes les fois que les élèves sont à même de la comprendre.* On peut dans beaucoup de cas tirer bon parti du patois. Dans l'enseignement primaire supérieur *la composition doit être le centre, le point vital;* les sujets empruntés à la vie de tous les jours, ressemblant aux questions que, sorti de l'école, l'élève retrouvera et sur lesquelles il devra se faire une opinion. *A l'école normale nécessité d'accoutumer les élèves-maîtres à parler*, afin que, devenus instituteurs, ils forment des élèves qui soient capables d'exprimer leur opinion, de la justifier et de la défendre. Il faut aimer la langue française, la faire aimer aux enfants et du même coup leur faire aimer la France.

M. Brouard : *Histoire.* — La connaissance de l'histoire est nécessaire à tous; c'est une des branches du programme sur lesquelles il faut le plus compter pour fortifier le sens moral des élèves. *Cette étude doit donc s'adresser à tous, même aux plus jeunes : à ceux-ci les images, l'anecdote ; aux grands, les faits développés, en raison du cours, et les dates principales.* Moyen direct : *la leçon orale faite par le maître, leçon qu'il faut soigneu-*

sement préparer et approprier à chacun des cours auxquels on s'adresse. La leçon historique bien faite est comme un poëme, une œuvre complète, ayant son début, son milieu, sa fin. Elle se rattache au développement de la veille et prépare celui du lendemain. La leçon orale est plus puissante, plus efficace que la lecture d'un livre; elle s'impose plus fortement à l'imagination de l'enfant. Cette étude devant commencer à l'entrée de l'enfant à l'école, la seule manière possible alors, c'est la leçon orale. — *Approprier l'enseignement à l'intelligence des élèves*; ne viser avec les plus jeunes qu'aux grands faits, aux grands noms; avoir sans cesse la craie et l'image à la main pour parler aux yeux, en même temps qu'aux oreilles.

Cours moyen et cours supérieur : enseignement plus élevé, mais même méthode. *On peut avoir recours au livre*, s'il est bon, *mais ne point s'en servir exclusivement*, et ne point faire appel uniquement à la mémoire, alors qu'il s'agit surtout d'éveiller les intelligences. *Toute leçon avant d'être apprise doit avoir été l'objet d'un entretien.* — *L'enseignement, dans chaque cours doit être intégral* : il ne faut pas scinder l'histoire pour en accorder une partie à chaque division : dans chacune, l'histoire entière. Pour ménager ses forces, surtout quand il est seul, le maître peut avoir recours soit à la leçon *transposée* faite, le même jour, ici sommairement, là avec quelques développements, ailleurs avec tous les détails ; — soit à la leçon *commune*, mais qui exige beaucoup de soins, de zèle, de tact, pour que chaque cours ait sa part de développements, et d'interrogations. *Ne jamais oublier que l'étude de l'histoire doit inspirer l'amour de la patrie et le sentiment du bien et du beau* —Toutes les fois que les faits le demandent *appuyer la leçon d'histoire sur celle de géographie.*

M. Jost : *Les conférences d'Instituteurs et les Bibliothèques pédagogiques.*

Nécessité pour les Instituteurs de *continuer sans interruption la préparation commencée à l'Ecole normale.* La conférence permet aux jeunes maîtres de profiter de l'expérience des plus âgés, et à ceux-ci, des connaissances récemment acquises par les plus jeunes : *elle préserve le jeune homme de la vanité, l'homme mûr de l'indifférence, le vétéran de la routine.* — Borner la conférence au canton, tout au plus à l'arrondissement. Ne point les prescrire, les laisser se former spontanément Ne point les couler toutes dans le même moule : pas trop de réglementation. Président tout trouvé : l'Inspecteur primaire, à côté de lui un vice-président, le remplaçant au besoin, et deux secrétaires élus. *Fonctionnement : question de méthode, d'enseignement, d'éducation, de discipline, proposée par l'autorité ou par la conférence elle-même; chaque Instituteur traite la question; lecture en séance, discussion.* Ou, comme en Suisse, *travaux des Instituteurs envoyés par le président à un rapporteur choisi par le bureau, ce rapporteur analyse, commente et résume dans un travail qui est lu et sur lequel on délibère; le président dirige les débats, résume les opinions, les résolutions adoptées; les secrétaires rédigent le compte-rendu dont copie est envoyée au chef de l'Académie.* Chaque membre peut faire part du fruit de ses lectures, de ses observations, des modifications qu'il croit utiles, des difficultés rencontrées. On peut faire l'analyse des livres de pédagogie ou d'instruction.

L'annexe indispensable de la conférence c'est la BIBLIOTHÈQUE PÉDAGOGIQUE, recevant des ouvrages de pédagogie, de littérature, de sciences, qui peut se fonder au moyen d'une faible cotisation, s'accroître chaque année par des dons particuliers ou administratifs. — Importance des bibliothèques scolaires dont l'Instituteur est le bibliothécaire naturel, remettant aux élèves les livres qui leur conviennent le mieux, les lisant avec eux, et, ainsi que ceux qu'il a empruntés à la bibliothèque pédagogique, avec les adultes chez qui il développe le goût des bonnes lectures. Quant au choix des livres à acquérir, consulter les catalogues du Ministère et recourir aux conseils des Inspecteurs.

M. MAURICE GIRARD : *Enseignement élémentaire des sciences physiques et naturelles.* — Cet enseignement est possible et légitime dans nos écoles, les étrangers l'ont admis. *Il faut mettre à profit la curiosité naturelle des enfants par des causeries familières où l'on donne satisfaction à leurs questions, où l'on en fait naître qui les instruisent. « La nature est un immense musée scolaire qui ne s'épuise jamais. » Pas de manuels de physique, de chimie, pas de cahiers dictés; mais des explications verbales, simples, précises, des entretiens rendus attrayants en même temps qu'instructifs.* On rend sensibles les principaux phénomènes de la physique, de la chimie, de l'histoire naturelle avec des appareils peu coûteux, au besoin fabriqués par l'Instituteur : « une cuvette, une carafe, quelques verres, quelques tubes, un miroir, une lentille, de minces objets de bois ou de fer, des ustensiles hors d'usage » etc. Un verre plein d'eau, recouvert d'une feuille de papier, retourné, démontre la pression atmosphérique ; le cercle de fer que le charron fait chauffer et qui, refroidi resserre les parties de la roue, montrera que la chaleur dilate les corps, etc.; les phénomènes de tous les jours fournissent des entretiens très-variés. — *En chimie s'occuper principalement des phénomènes qui tiennent à l'hygiène et à la vie pratique* : respiration, combustion, production de la rouille, composition de l'air, de l'eau, etc. — En histoire naturelle, inutile de parler aux enfants d'animaux et de végétaux de pays étrangers : s'occuper avec eux de ceux qu'ils voient ; *étudier les insectes utiles et nuisibles ; dresser peu à peu, avec les élèves, des collections qui vaudront mieux que celles qu'ils se procureraient toutes faites.* — Nécessité d'exposer aux yeux comme à l'esprit des enfants les principes des sciences naturelles ; *nécessité par conséquent pour le maître de s'instruire afin de communiquer simplement et familièrement des connaissances scientifiques élémentaires.*

M. de Bagnaux : *Matériel des écoles.* — Table de classe, nécessité de l'accomoder à l'enfant. Principes : les pieds des élèves posés à plat sur le sol; banc à la hauteur de la jambe prise au dessous de l'articulation du genou ; dossier soutenant à la hauteur des reins; la cuisse portant presque tout entière sur le banc; la partie postérieure de la table avançant jusqu'à quelques centimètres de la poitrine de l'élève ; l'angle de pente de la table de 15 à 20°; la distance entre le bord antérieur du banc et le bord postérieur de la table, non-seulement nulle, mais négative. Le type-modèle est la table à un seul élève. La table à deux places, mais à siége isolé permet à l'enfant de se glisser de chaque côté et de s'asseoir ainsi facilement et de quitter son siége pour se tenir debout. — M de Bagnaux énumère différents systèmes de tables ; au système de bancs à hauteur variable, il préfère un mobilier à types gradués et adopte, comme à Paris, cinq types répondant à la taille des élèves et dont toutes les parties sont disposées pour convenir aux enfants : 1° de 1m à 1m10 ; — 2° de 1m10 à 1m20 ; — 3° de 1m20 à 1m35 ; — 4° de 1m35 à 1m50 et 5° de 1m50 et au-dessus. Ces cinq types d'ailleurs ne doivent pas correspondre aux cours ou aux divisions, car alors 80 élèves sur 100 seraient mal placés; la taille ne répondant pas toujours à la valeur intellectuelle.

Ardoises américaines très-bonnes, mais chères ; *ardoises* factices de M. Suzanne, bien préférables aux ardoises naturelles qui alourdissent la main. *Point de papier trop mince ni de plumes trop pointues. Repousser tout livre à caractères fins ou usés. Proscrire les appareils trop ingénieux pour l'enseignement du calcul ;* rien que le *boulier-compteur* très-simple, et encore, le vrai numérateur c'est la main.

L'instituteur, à qui il est facile, avec le concours de ses élèves, d'arriver à la création d'un musée scolaire, peut aussi facilement fabriquer lui-même les instruments pour les leçons de choses, dessiner des cartes murales, etc., etc. *Le mobilier scolaire ne doit pas être luxueux, mais répondre aux besoins de l'élève, des leçons et de l'hygiène.* (L'orateur annonce qu'un musée scolaire central et permanent va être créé.)

M. Riant : *Hygiène de l'école.* — Les enfants ont un *corps* à diriger dans sa croissance et dans son développement ; une *intelligence* à éclairer en la ménageant ; un *caractère*, un *cœur*, une *volonté* à diriger et à former : le sujet à traiter comporte donc autre chose que l'*hygiène physique* ; il faut y ajouter l'*hygiène intellectuelle* et l'*hygiène morale*. L'orateur étudie la *maison d'école*, la *classe*, l'*élève*. Il demande que l'école soit suffisamment spacieuse, mais il veut de la mesure : ni écurie, ni palais ; il veut une bonne orientation, l'air circulant librement dans des cours plantées d'arbres et de fleurs ; des issues larges, des escaliers à pentes douces. Dans la classe, il veut l'accès facile des rayons solaires : la classe sans soleil est une classe malsaine. *L'air doit être pur* et une foule de causes le vicient : respiration, émanations de vêtements, appareils imparfaits de chauffage, etc. : aux grands calorifères coûteux, il préfère de simples poêles ou de petits calorifères ; il s'oppose à l'éclairage d'un seul côté qui accoutume les enfants à des conditions qu'ils ne retrouveront pas ailleurs, et qui cause des déviations de la taille : les enfants se penchant vers la lumière. Il accepte le mobilier dans les conditions indiquées par M. de Bagnaux ; il signale les inconvénients des livres à caractères trop fins ou mal imprimés qui disposent à la myopie. Il insiste sur la grande nécessité de la propreté de l'élève et de la classe, et montre tous les dangers de la poussière des lieux habités. *Il demande la visite régulière d'un médecin à l'école, insiste pour la production du certificat de vaccine faisant connaître la date de l'opération, qui ne préserve que cinq ou six ans. Il approuve la gymnastique qui exerce les muscles et développe la force, l'agilité, l'adresse :* on peut, si l'on n'a pas d'appareils, se contenter de la gymnastique de mouvements. Les instituteurs ont tout intérêt à bien connaître l'hygiène scolaire puisque leur vie tout entière se passe à l'école. Les inspecteurs primaires consultés sur les projets de constructions, doivent s'assurer des bonnes dispositions hygiéniques.

Hygiène intellectuelle : ménager la santé des élèves, tout en développant leurs facultés ; sage emploi du temps, ingénieuse succession d'exercices variés, gradués.

Hygiène morale : Moins compter sur les punitions et les récompenses que sur la juste notion du devoir ; l'école n'est ni caserne, ni garderie, et l'instituteur n'est ni géolier, ni gardien d'enfants, il est éducateur. Le type de l'école c'est la famille ; les enfants, c'est la patrie en espérance ; « *Il faut des corps valides, des intelligences éclairées, des caractères trempés et honnêtes dont la famille s'honore, et dont le pays se glorifie.* »

M. Buisson : *Enseignement intuitif et Leçons de choses.* — Les esprits sont divisés sur la méthode intuitive : les partisans absolus trouvent que la France s'est attardée dans ses vieux systèmes d'enseignement ; toutes nos connaissances viennent des sens, disent-ils, toute instruction doit être donnée par les sens ; il faut que l'enseignement ait un caractère agréable, pratique, utilitaire ; plus de contraintes : ces assertions sont trop exclusives. Il est vrai que *l'éducation doit commencer par le développement normal des sens* ; mais demander que l'enseignement se fasse comme en jouant, c'est une chimère, dangereuse même si elle se réalisait ; car l'effort disparaissant de l'école, disparaitrait aussi de la société. — *L'extension des programmes oblige toutefois à rendre l'enseignement plus facile.* Il faut que l'instituteur se fasse aider ; il faut de bons livres, de bons procédés, des programmes bien ordonnés, l'intervention intelligente des inspecteurs ; mais il faut aussi l'auxiliaire de l'élève : la méthode intuitive associe l'enfant au maitre. L'INTUITION *c'est l'acte immédiat et presque instinctif par lequel l'esprit saisit une vérité sans effort, sans intermédiaire, sans hésitation.*

L'INTUITION SENSIBLE se produit par les *sens* ; L'INTUITION MENTALE OU INTELLECTUELLE, par le *jugement*, L'INTUITION MORALE par le *sentiment*. L'intuition sensible a pour principal instrument la LEÇON DE CHOSES : la chose avant le mot ; mais que cette leçon ne devienne pas un exercice machinal ; elle doit apprendre à l'enfant à *observer*, à *nommer* l'objet, à *comparer*. Observer est à la fois une opération des yeux et de l'esprit. Nécessité de l'observation chez les enfants ; la leçon de choses réveille et augmente les sens de l'observation ; mais ne pas tomber dans les minuties ; que les choses qu'on fait observer vaillent la peine d'être observées ; que l'enfant sente le but d'un exercice qui ne doit pas dépasser la portée de son intelligence. Les leçons de choses comme les a faites Mme Pape-Carpantier sont des leçons vivantes, pénétrant dans tout notre enseignement pour le rendre plus facile, plus acceptable et surtout plus profitable, se présentant partout et toujours. La leçon de choses ne doit jamais dégénérer en leçon de mots.

Les EXERCICES D'INTELLIGENCE sont du domaine de la méthode intuitive : au moyen de données fournies par les sens, arriver à se passer des sens On y parvient difficilement dans l'enseignement parce que *la logique de l'enfant est naturelle, celle des maitres, réfléchie et savante* ; l'esprit de l'enfant procède du concret à l'abstrait ; nous faisons souvent le contraire : de là désaccord et difficultés. Ainsi, dans l'enseignement de la lecture nous décomposons les sons; pour l'enfant, le simple c'est le mot. *Ce n'est pas tout d'aller du simple au composé, il faudrait surtout aller du connu à l'inconnu.* Il faut que le maitre parle à l'enfant de ce que celui-ci comprend, de ce qui l'intéresse; chaque leçon ne doit pas avoir pour but l'acquisition d'une connaissance, mais le développement d'une faculté.

L'INTUITION MORALE s'applique à l'éducation morale et religieuse, à l'éducation sociale et civique. *L'école doit enseigner les vérités éternelles*, claires, saisissables partout. L'orateur rappelle cette pensée de Kant : « Il y a des choses dont la majesté nous pénètre d'admiration et de respect : le ciel étoilé au-dessus de nos têtes, et la loi du devoir au fonds de nos cœurs. » *L'instituteur est autre chose qu'un maître d'orthographe et de calcul; il doit parler au cœur de son élève;* et sa tâche ne finit pas avec le livre qu'il ferme, la dernière leçon qu'il fait réciter; le maître n'est pas une machine à développer un programme, un cœur sans émotion, même quand il parle de sa patrie ou de sa foi religieuse. « Formez des hommes, » a dit M. Duruy, et pour cela soyez vous-mêmes des hommes. *L'enseignement primaire embrassant tout ce qui est intuitif, doit développer l'homme tout entier.*

On comprend l'impossibilité de donner en quelques pages la substance d'un volume de 400. Ce qu'on ne peut rendre, c'est le mouvememt, c'est la vie de ces conférences, dont tant de passages ont été si vivement applaudis par des auditeurs qui ont montré combien ils étaient reconnaissants des efforts des orateurs, combien ils leur savaient gré de leur parler un langage si élevé, si consciencieux, si propre à maintenir directeurs d'écoles normales, inspecteurs primaires et instituteurs dans la voie du dévouement et des sacrifices.

IV. VOEUX. — RÉSUMÉ DES AMÉLIORATIONS DÉSIRABLES.

Vœux.

Aucune des expositions qui ont précédé celle de 1878 n'a fait une aussi large place que cette dernière aux envois scolaires. L'importance des questions d'école n'a pas seulement grandi chez nous; nous l'avons vu : bien des peuples n'ont plus à nous demander des méthodes, des conseils, à suivre notre exemple; ils ont accordé à tout ce qui se rattache à l'enseignement primaire une valeur même plus grande que celle que nous semblons leur reconnaître.

Un des premiers vœux à exprimer c'est que nous tenions compte des progrès accomplis en dehors de nous et que nous n'oublions pas que les raisons du Conseil d'État motivant, il y a plus de quarante ans, le règlement des conférences entre instituteurs, sont encore plus pressantes à notre époque où l'on comprend mieux que jamais toute l'importance de l'éducation populaire et où les grands corps de l'État consentent à faire les lourds sacrifices nécessaires pour la répandre partout, le plus largement possible.

Que les milliers d'instituteurs qui ont visité l'exposition se rappellent qu'il s'agissait d'un *voyage d'études*, et qu'ils aient répondu aux espérances des auteurs du projet qui leur a facilité ce voyage. « Il leur paraît, disait M. Hugot, député, d'une haute importance, au point de vue des progrès de l'instruction populaire dans notre pays, que des hommes spéciaux, ceux qui consacrent leur vie au développement intellectuel et moral de l'enfant, puissent profiter de cette accumulation de richesses scolaires pour agrandir le cercle de leurs connaissances, pour établir des comparaisons utiles, pour se rendre enfin un compte exact du mouvement qui s'est accompli depuis dix ans dans l'enseignement primaire. »

M. Buisson, à l'exposition de Vienne, en 1873; une commission ayant à sa tête M. Buisson, à l'exposition de Philadelphie, en 1876, ont publié d'excellents rapports sur l'instruction primaire. Est-il déraisonnable d'exprimer le vœu qu'une commission, internationale, si l'on veut, publie, à la suite de notre magnifique exposition universelle, un rapport que consulteraient avec fruit directeurs d'écoles normales, inspecteurs primaires, instituteurs, tous ceux enfin qui s'occupent des questions scolaires? — Immense travail, je le reconnais; mais quand on a parcouru les 700 pages, grand in-8, que six hommes de talent et de bonne volonté ont publiées récemment, on ne peut douter qu'on n'arrive à coordonner les éléments si nombreux, si variés de notre vaste Exposition pour tout ce qui concerne l'instruction primaire. Le travail, du reste, est déjà en partie fait, mais disséminé dans les revues, les journaux, les brochures, etc : On ne peut exiger que nos instituteurs aillent y chercher ce qui les mettrait sur la voie des améliorations. — Si l'on veut qu'ils n'arguënt point d'ignorance, pourquoi le Ministère ne demanderait-il pas un résumé succinct des améliorations promptement réalisables, et ne l'enverrait-il pas à chaque directeur ou directrice d'école? — Des conférences ont été faites; pourquoi ne pas demander aux auteurs qu'ils les résument en un petit nombre de pages sous forme de conseils et de direction? — Les peuples étrangers ont introduit dans leurs livres, dans leurs matériels, dans leurs procédés, dans leurs méthodes des changements que le temps et l'expérience ont fait reconnaître bons, profitables; pourquoi ne les leur emprunterions-nous pas?

Si l'on tient à ce qu'une sérieuse émulation naisse entre les maîtres, il faut leur montrer ce qui se fait autour de nous ; il faut leur demander si leur zèle ne sera pas à la hauteur du zèle du maître belge, suisse, allemand, américain. Reconnaissons qu'il nous reste beaucoup à faire, et, au lieu de nous laisser aller au découragement avant de nous mettre à l'œuvre, comprenons qu'il est grand temps « d'élever nos cœurs » et d'aborder résolûment la besogne. « Le travail seul, a dit Mirabeau, constitue une nation » : Travaillons!

Améliorations désirables.

Je m'étais proposé de résumer ici toutes les améliorations indiquées dans ce rapport déjà beaucoup trop long ; mais ce résumé allongerait sans profit réel un travail qui n'est pourtant lui-même qu'un résumé.

Parmi ces améliorations, il en est qui concernent les *locaux* et les *mobiliers* ; nous ne pouvons les obtenir que des autorités locales et des prescriptions ministérielles. Il serait bon que les architectes, chargés des projets, eussent des instructions détaillées.

D'autres touchent aux programmes, aux méthodes, aux procédés. Nous n'y arriverons qu'autant qu'elles passeront dans la loi ou dans les règlements ministériels. Le dessin, le chant, l'agriculture, même des notions des sciences physiques et naturelles devront s'ajouter aux matières obligatoires. Il faudrait, selon moi, introduire dans les écoles normales et exiger de tout aspirant au brevet des études pédagogiques plus complètes. Ce qui facilitera surtout la besogne, ce seront, tant pour les écoles normales que pour les écoles primaires, des programmes détaillés, limitant exactement pour chaque partie ce qu'elle doit embrasser, limites en dehors desquelles il ne serait pas permis de s'aventurer, parce qu'alors une branche deviendrait envahissante au détriment des autres. Ces programmes mettraient l'instituteur en garde contre lui-même, ne lui permettant pas d'accorder à certaines parties, qui ont pour lui grand attrait, un développement préjudiciable à l'ensemble.

Il serait bon d'organiser les conférences entre les titulaires et leurs adjoints, entre les instituteurs. Tout ce qui a été dit, écrit et fait, permet d'obtenir un fonctionnement satisfaisant. — Arrivons vite aux musées scolaires, mais simples et servant surtout aux leçons de choses. — Développons les bibliothèques scolaires, les bibliothèques et les musées pédagogiques, les caisses d'épargne.

Pour ce qui est des principales parties du programme élémentaire, je ne crois pas inutile de donner ici le résumé des procédés que la commission envoyée à Philadelphie a vus à l'œuvre en Amérique.

Lecture. — Supprimer l'épellation, la réserver au moment où elle est nécessaire à l'étude de l'orthographe. Animer cet enseignement par les leçons de choses, le mener de front avec l'écriture et le dessin rudimentaire. — Soigner la prononciation, le débit, l'accent, la lecture expressive.

Ecriture. — Exiger des élèves-maîtres une bonne écriture et le talent d'écrire et de dessiner au tableau noir. — Condamner l'abus des exercices de calligraphie et de copie machinale. — Faire de la dictée, du problème, du résumé, des exercices d'écriture courante et soignée. — Obliger le maître à donner la leçon au tableau noir, et à diriger les élèves en surveillant, au banc, la tenue du corps, de la main, de la plume.

Langue maternelle. — Commencer par l'exercice oral; s'attacher à la pratique du langage plutôt qu'aux subtilités grammaticales. — Restreindre les exercices écrits d'analyse, augmenter le temps et les soins donnés à la rédaction usuelle et à l'étude du sens des mots par l'analyse lexicologique. — Viser à apprendre à tout enfant à s'exprimer correctement, facilement, clairement, sincèrement, en ne lui faisant dire de vive-voix et en ne lui donnant à écrire que ce qu'il sait, ce qu'il pense, ce qu'il veut. — Employer les dictées comme moyen d'apprendre des faits, de faire acquérir des notions utiles, de faire réfléchir l'enfant sur le fond aussi bien que sur la forme du discours.

Arithmétique. — Y préparer par l'usage du boulier, sans le prolonger trop. — Faire appliquer intuitivement les quatre opérations sur les nombres de 1 à 10. — Développer l'emploi du calcul mental par des opérations faites de tête, et la solution de petits problèmes. — Exercer de bonne heure au calcul intuitif des fractions, des nombres complexes, du système métrique, sous forme usuelle, élémentaire, en quelque sorte provisoire.

Algèbre et Géométrie. — Enseigner l'algèbre dans les écoles normales et les écoles primaires supérieures, non développée, mais de manière à permettre la solution facile des équations auxquelles conduit la géométrie, et celle de certains problèmes qui, sous forme arithmétique, sont très-compliqués.

Histoire et Instruction civique. — Traiter l'histoire de manière à faire connaître et aimer la patrie. Négliger le détail des faits, des dates, des noms secondaires, et insister sur les grands tableaux, les grands figures, les grandes étapes de la civilisation. — Faire comprendre aux élèves les rouages principaux de l'organisme social et administratif dans les points qui leur sont accessibles, et sur lesquels il y a à combattre des erreurs, des prégugés des utopies populaires. Leur faire aimer le présent et honorer le passé.

Géographie. — Partir du lieu où l'on se trouve pour étendre progressivement son horizon, mais ne pas s'y enchaîner trop longtemps. Arriver aux notions nécessaires de géographie générale et de cosmographie. Exercer de bonne heure à dessiner des cartes de mémoire, à reproduire au tableau les formes approchées des pays. Donner des idées justes sur le relief des terrains, l'aspect des contrées, la nature du sol, du climat, des productions, des accidents physiques, etc.

NOTIONS D'HISTOIRE NATURELLE. — Admettre quelques notions d'histoire naturelle, d'abord comme leçons de choses, puis sous forme d'un petit cours gradué, insistant sur les sujets familiers aux enfants. Encourager, inviter à faire de petites collections. — Multiplier les musées scolaires pour les leçons de choses; favoriser les associations d'élèves pour la préservation des oiseaux, pour la destruction des insectes nuisibles, pour l'entretien de petits jardins scolaires. — Donner dans des promenades des explications sur les phénomènes naturels, les procédés de culture, les établissements industriels, etc.

DESSIN. — A l'arrivée de l'élève, exercices sur l'ardoise et au tableau noir, à l'aide de quadrillages, ou mieux, de points placés de façon à laisser faire les lignes aux enfants. — Aller graduellement de la ligne droite aux figures élémentaires de géométrie, puis aux combinaisons plus compliquées, et au dessin industriel et d'ornement. — Exercer surtout l'œil par des études élémentaires de perspective, par l'appréciation des distances d'après la vue, par l'observation et la comparaison des formes. — Proscrire le dessin de pur agrément et de hasard. — Organiser pour les élèves-maîtres des cours méthodiques appropriés à leurs futurs besoins professionnels.

CHANT ET MUSIQUE. — Encourager cette étude; entrées et sorties générales accompagnées de petits chants bien rhythmés. — Petites solennités scolaires réunissant les élèves pour l'exécution de chants en commun. — Obtenir à titre d'encouragement, des autorités locales, un petit orgue ou un harmonium scolaire.

LANGUES VIVANTES.— Dans les localités où le besoin s'en fait sentir, favoriser l'étude pratique d'une langue vivante. — Tenir compte de cette connaissance dans les examens du brevet supérieur.

Puis-je mieux terminer que par cette belle page de M. Gréard ? Elle est à elle seule tout un programme :

« Ménager les préceptes et multiplier les exercices; ne jamais oublier que le meilleur livre pour l'enfant c'est la parole du maître; n'user de sa mémoire si souple, si sûre, que comme d'un point d'appui, et faire en sorte que l'enseignement pénètre jusqu'à son intelligence, qui seule peut en conserver l'empreinte féconde; l'amener, par des questions bien enchaînées, à *découvrir* ce qu'on veut lui montrer; l'habituer à raisonner; faire qu'il trouve, qu'il voie; en un mot, tenir incessamment son raisonnement en mouvement, son intelligence en éveil; pour cela, ne laisser rien d'obscur qui mérite explication, pousser les démonstrations jusqu'à la figuration matérielle des choses, toutes les fois qu'il est possible; dans chaque matière, dégager des détails confus les faits caractéristiques; aboutir en toutes choses à des explications judicieuses, utiles, morales;

En *lecture*, par exemple, tirer du morceau lu toutes les explications instructives qu'il comporte;

En *grammaire*, partir de l'exemple pour arriver à la règle dépouillée des subtilités de la scolastique grammaticale ; tirer les sujets d'exercices non des recueils fabriqués à plaisir pour compliquer les difficultés de la langue, mais des choses courantes, d'un incident de classe, des leçons du jour; inventer des exemples sous les yeux de l'élève, ce qui pique son attention, les lui laisser surtout inventer lui-même et toujours les écrire au tableau noir;

Ramener toutes les opérations du *calcul* à des exercices pratiques empruntés aux usages de la vie ;

N'enseigner la *géographie* que par la carte, en étendant progressivement l'horizon de l'enfant de la rue au quartier, du quartier, à la commune, au canton, au département, à la France, au monde;

En *histoire*, sacrifier sans scrupule les détails de pure érudition pour mettre en relief les grandes lignes du développement de la nationalité, le progrès des idées sociales, les conquêtes de l'esprit qui sont les vraies conquêtes de la civilisation chrétienne; placer sous les yeux de l'enfant les hommes et les choses par des peintures qui grandissent son imagination et élèvent son âme : tel doit être l'esprit des leçons de l'école. »

Puisse ce travail vous prouver, Monsieur l'Inspecteur d'Académie, tout mon désir de voir progresser les écoles de l'arrondissement de Dunkerque, et vous donner l'assurance que je ferai tous mes efforts pour seconder ceux des maitres, les placer, les ramener, ou les maintenir dans la voie indiquée par les hommes éminents que je viens de citer, — voie la plus favorable, la plus sûre, la plus rationnelle, celle qui peut, si nous le voulons sincèrement, nous assurer le premier rang au point vue d'instruction primaire.

Daignez agréer, Monsieur l'Inspecteur d'Académie, l'hommage de mon respectueux dévouement

L. MORDACQ.

CONFÉRENCE DES INSTITUTEURS

DE L'ARRONDISSEMENT DE DUNKERQUE

(26 Octobre 1878)

Sous la présidence de M. ANTHOINE, *Inspecteur d'Académie*

COMPTE-RENDU

Dans une réunion qui a eu lieu à Dunkerque, le jeudi 31 Octobre 1878, et à laquelle ont assisté les membres du Comité de rédaction dont il est question ci-après, il a été dressé un procès-verbal de la conférence qui avait eu lieu le samedi précédent, entre tous les instituteurs de l'arrondissement.

Voici ce procès-verbal :

L'an mil huit cent soixante-dix-huit, le vingt-six Octobre, les instituteurs de l'arrondissement de Dunkerque se sont réunis en cette ville, à l'École communale de la rue Caumartin, en présence de M. l'Inspecteur primaire, et sous la présidence de M. l'Inspecteur d'Académie.

Tous les titulaires congréganistes et laïques étaient présents, ainsi que la plupart des adjoints laïques.

A neuf heures précises, M. l'inspecteur primaire a placé les maîtres par cantons, et il les a avertis que chacun d'eux aurait à lui adresser avant le 1er Décembre un résumé de tout ce qui serait dit et lu pendant la durée de la conférence. Puis il a désigné pour former un comité de rédaction, MM. Vanackère d'Esquelbecq, Pickaert de Quaëdypre, Ducorney de Rexpoëde, Swynghedauw de Loon, Manier de Watten, et Depaepe de Warhem, qui ont fait partie du voyage d'études à l'Exposition universelle, les trois premiers en qualité de délégués de l'État, les trois autres comme délégués du Département.

M. l'Inspecteur d'Académie est arrivé quelques minutes après. Il a ouvert la séance en remerciant les maîtres de l'exactitude avec laquelle ils se sont rendus à la réunion à l'heure indiquée par la convocation. Ensuite il a fait ressortir que parmi les huit inspecteurs du Département, c'est M. Mordacq qui a été désigné pour aller étudier les expositions scolaires au Champ-de-Mars. Il a ajouté que ce choix était tout naturel à cause du mérite personnel de M. Mordacq, du dévouement avec lequel il remplit ses fonctions et de sa compétente consommée pour tout ce qui concerne les écoles. Cet éloge de leur chef immédiat a fait plaisir aux instituteurs; ils l'ont prouvé par leurs applaudissements unanimes. Les membres du Comité de rédaction sont heureux de le constater dans ce procès-verbal.

Les instituteurs de l'arrondissement voient d'ailleurs M. Mordacq à l'œuvre; ceux surtout qui sont depuis longtemps dans le pays ont su apprécier ses éminentes qualités professionnelles, et sont heureux certainement de savoir que l'homme à qui ils ont accordé toute leur affectueuse estime occupe une si large place dans celle de M. l'Inspecteur d'Académie.

Aussitôt après a commencé la lecture des mémoires fournis par les instituteurs délégués à l'Exposition. Ces lectures ont eu lieu dans l'ordre suivant :

1° M. Ducorney a lu la partie de son travail relative à la conférence de M. Jost, sur l'organisation des conférences pédagogiques; le résumé de la conférence de M. Levasseur sur l'enseignement de la géographie, et quelques passages relatifs à l'enseignement de l'histoire de France.

2° M. Pickaert, prenant pour points de départ les conférences de MM. Berger et Brouard, a traité les questions de l'enseignement du français et de l'histoire nationale.

3° M. Swynghedauw a donné un aperçu des conférences de MM. Michel Bréal et Buisson. Il a insisté sur la nécessité de lire et de méditer dans son entier la remarquable conférence de M. Buisson sur l'enseignement intuitif.

4° M. Manier a rappelé les conseils donnés par M. Maurice Girard pour l'enseignement des sciences physiques et naturelles dans les écoles primaires, et a donné lecture de son compte-rendu des conférences de MM. Riant sur l'hygiène de l'école, et de Bagnaux sur le matériel scolaire.

Pour ce qui est de la seconde partie, c'est-à-dire des visites à l'Exposition, M. Vanackère a lu son travail qu'il a rédigé en suivant l'ordre naturel des branches de l'enseignement. M. Pickaert a donné également quelques passages de cette seconde partie de son mémoire.

M. Depaepe s'étant trouvé indisposé dès son arrivée à Paris, a été dans l'impossibilité d'assister aux conférences, et n'a pu faire que de rares et courtes visites au Champ-de-Mars. Son rapport est très-sommaire.

Il serait impossible, dans un procès-verbal, de résumer toutes les idées qui ont été émises. M. l'Inspecteur d'Académie a écouté les lecteurs avec beaucoup d'attention, les interrompant parfois pour leur demander quelque explication et approuvant presque toujours les dires des délégués, même les critiques ou les réserves qu'ils ont cru devoir faire, soit à propos de telle ou telle conférence, soit en ce qui concerne la disposition de telle ou telle partie de l'Exposition. Les observations particulières qui ont été faites et qu'on a bien voulu trouver judicieuses, ont été discutées avec tout le calme et toute la dignité que comportent nos fonctions. M. l'Inspecteur d'Académie a félicité les délégués et a trouvé moyen d'ouvrir des aperçus nouveaux, permettant ainsi des améliorations auxquelles les rédacteurs n'avaient pas songé.

Cette discussion a duré jusque vers midi et la séance a été suspendue jusqu'à deux heures.

L'après-midi a été consacrée d'abord à la lecture du mémoire préparé par M. l'Inspecteur de l'arrondissement à son retour de Paris, ou plutôt à la lecture de quelques parties du travail qui forme en quelque sorte tout un volume et dont l'importance même nous met dans l'impossibilité d'en donner un résumé. Il est grandement à désirer, croyons-nous, que ce travail soit imprimé et qu'un exemplaire en soit placé dans chacune de nos bibliothèques pédagogiques.

Cette lecture a été terminée à trois heures et demie; voici l'indication des points traités :

1° Salles d'asile. — Programmes, méthodes et modifications à apporter;

2° Écoles. — Locaux, mobilier, programmes, méthode, éducation.

3° Les maîtres. — Conférences, travaux à leur demander, musées et bibliothèques.

4° Vœux. — Résumé des améliorations désirables.

M. Mordacq a demandé ensuite aux instituteurs de lui envoyer prochainement une note pour lui faire connaître s'ils ont l'intention d'ouvrir un cours d'adultes pendant cet hiver, et, en cas d'affirmative, de lui indiquer les jours et heures où les cours se feront.

Il a ajouté quelques mots concernant les caisses d'épargne scolaires. Sur certains points de l'arrondissement, cette utile institution a rencontré au début d'assez sérieuses difficultés qui semblent avoir disparu à peu près partout. Il a rappelé aussi les soins que réclament les *Bibliothèques scolaires* pour lesquelles un Inspecteur spécial a été désigné par M. le Ministre.

Conférences pédagogiques. — M. l'Inspecteur d'Académie espère que M. le ministre règlera cette importante question des conférences pédagogiques. — En tout cas, il annonce que sur sa demandé, M. Mordacq a déjà préparé un travail pour cette réglementation; que les idées qu'il émettra et celles qu'émettront ses collègues du Nord, permettront d'arriver à bref délai à une organisation particulière au département, et pour laquelle on aura mis à profit la conférence de M. Jost, ainsi que les travaux des maîtres français et étrangers.

Société de secours mutuels. — M. l'Inspecteur d'Académie s'est efforcé de faire comprendre à tous l'utilité de cette institution, qui, d'ailleurs, n'a cessé de prospérer depuis sa création. Il voudrait que tous les maîtres en fissent partie, adjoints comme titulaires; il a ajouté que c'est presque un devoir pour tous. La cotisation n'est pas bien lourde, et ceux qui auront la chance de ne pas voir le malheur frapper à leur porte, auront au moins la satisfaction de contribuer au soulagement de leurs collègues éprouvés par la maladie.

Nous espérons que cet appel de M. l'Inspecteur d'Académie sera entendu et amènera dans notre société ceux qui, jusqu'ici, n'en font pas encore partie, pour quelque motif que ce soit. Pour les plus pauvres, c'est une très-sage précaution; pour ceux qui ont le bonheur de se trouver dans l'aisance, c'est un devoir de bonne confraternité.

En terminant, M. l'Inspecteur d'Académie a bien voulu dire, qu'il était très-satisfait de notre réunion, de la tenue des maîtres, de leur exactitude ainsi que du travail de ceux qui ont été délégués à l'Exposition. Il a ajouté qu'il présidera dans les autres arrondissements des conférences du même genre, et qu'il serait heureux que toutes lui donnassent la même satisfaction.

C'est un témoignage que nous acceptons avec bonheur de la part d'un supérieur aussi compétent que M. Anthoine. Nous manquerions à notre devoir si nous ne lui exprimions ici toute notre reconnaissance pour avoir bien voulu, malgré sa besogne écrasante, passer un jour entier parmi nous, nous donner de précieux conseils, et promettre l'envoi à nos bibliothèques pédagogiques du travail qu'il a publié : *L'instruction primaire dans le département du Nord, 1868-77. Rapport rédigé en vue de l'Exposition universelle.*

La séance a été levée à cinq heures; mais M. l'Inspecteur d'Académie et M. l'Inspecteur primaire se sont mis à la disposition de ceux qui avaient quelques questions particulières à traiter, des renseignements à demander, etc.

Fait à Dunkerque, le 31 Octobre 1878.

Ont signé : Vanackère, Pickaert, Ducornby, Swynghedauw, Manier, Depaepe.

TABLE

LILLE. IMP. CAMILLE ROBBE.

www.ingramcontent.com/pod-product-compliance
Ingram Content Group UK Ltd.
Pitfield, Milton Keynes, MK11 3LW, UK
UKHW012103240726
13965UKWH00004B/1516

9 782013 039499